Peter Ruch   PANAMERICANA

Peter Ruch

PANAMERICANA

Mit dem Motorrad
von Alaska bis Feuerland

Motorbuch Verlag Stuttgart

Einbandgestaltung: Johann Walentek unter Verwendung eines Dias
von H. P. Koffer

ISBN 3-613-01596-X

1. Auflage 1994.

Copyright © by Motorbuch Verlag, Postfach 10 37 43, 70032 Stuttgart
Ein Unternehmen der Paul Pietsch-Verlage GmbH + Co.
Sämtliche Rechte der Speicherung, Vervielfältigung und Verbreitung sind vorbehalten.
Satz: Vaihinger Satz + Druck, 71665 Vaihingen an der Enz.
Reproduktion: DIE REPRO, 71732 Tamm.
Druck: Studio-Druck, 72662 NT-Raidwangen.
Bindung: K. Dieringer, 70839 Gerlingen.
Printed in Germany

Inhaltsverzeichnis

Warum - und vielen Dank

Die Panamericana von Alaska nach Feuerland: Das ist nicht nur die Traumstraße der Welt, das ist auch eines der letzten wirklichen Abenteuer, die man heute noch erleben kann. Vor allem, wenn man die 25'000 Kilometer lange Reise quer durch die beiden amerikanischen Kontinente wie ich allein auf einem Motorrad unternimmt. Doch was bringt einen Menschen dazu, sich fünf Monate lang allein auf nur zwei Rädern durch Wind und Wetter, über Schlamm und Sand, durch die Hitze in Mexiko und die Kälte in Feuerland zu quälen? Sicher einmal eine anständige Prise Abenteuerlust - und das Bedürfnis nach einer Erfahrung über sich selber. Zwar kann ich mich nicht als Stubenhocker bezeichnen, doch meine Erfahrungen haben mir gezeigt, dass die körperlichen und auch geistigen Anstrengungen auch von austrainierten Reiseprofis nicht unterschätzt werden sollten. Wer eine vollbeladene, fast 300 Kilo schwere Enduro über wüste Schotterstrecken bewegen muß, genau wissend, daß jeder Sturz einige Stunden Wartezeit bedeuten wird, weil weit und breit kein Mensch zu finden ist, der helfen könnte, wer alle zehn Kilometer von einer bis auf die Zähne bewaffneten Straßenpatrouille angehalten und bis auf die Unterhosen durch-sucht wird, wer mitten in der chilenischen Wüste mit einer gerissenen Kette liegenbleibt, der lernt viel über sich selber und seine körperliche und geistige Leistungsfähigkeit.

Ich möchte in diesem Buch nicht nur beschreiben, was ich in diesen fünf Monaten zwischen Alaska und Feuerland erlebt habe, ich möchte auch Tips geben für alle, die ein solches Abenteuer ebenfalls wagen wollen. Dazu gehören selbstverständlich Informationen über die Länder, die ich durchfahren habe, aber auch Hintergrundberichte und persönliche Gedanken über eine Traumstraße, welche nicht nur, aber vor allem Freude machte.

Ich möchte an dieser Stelle all jenen danken, die mir diese Reise ermöglichten. Da wären zuerst meine Eltern, die sich nicht nur Sorgen machten, sondern mich auch während der ganzen Zeit wissen ließen, daß sie mich vermissen, da wäre Katharina, die mich nicht vergaß, und da wären meine Sponsoren «Chesterfield», Yamaha Schweiz (ganz besonders Peter Manzanares) und Hubler Motos in Basel (ganz besonders Frank Biesele und Kim Weibel), ohne deren Unterstützung dieses Abenteuer gar nicht möglich gewesen wäre.

Wenn einer eine Reise ...

Wer eine Reise von Alaska nach Feuerland mit dem Motorrad plant, der kann sich selbstverständlich ein professionell auf die Paris-Dakar-Rallye getrimmtes Motorrad kaufen, sich mit im Freien verbrachten Winternächten auf die Kälte von Alaska und Feuerland vorbereiten, Mechaniker-Kurse und Trial-Trainings besuchen sowie ein Begleitfahrzeug mit einer halben Tonne Ersatzteilen mitnehmen. Die andere Möglichkeit ist einfacher: Man macht gar nichts. Und wie fast immer im Leben scheint der goldene Mittelweg der richtige zu sein.

Das Motorrad

Die Wahl des Motorrads kann entscheidend sein. Zwar wird man mit einem modernen Zweirad kaum technische Probleme haben, auch auf 25'000 harten Kilometern nicht, doch wer mit einer komfortablen Straßenmaschine die Panamericana befahren möchte, wird spätestens in der Baja California, im Sand und Schlamm seinen Spaß verlieren.

Weil die Straßen in weiten Teilen Mittel- und Südamerikas nicht gerade europäischem Standard entsprechen, zum Teil in wirklich dem schlechtest denkbaren Zustand sind, empfiehlt sich die Wahl einer kräftigen Enduro. Ob man dabei auf ein japanisches Fahrzeug oder eine BMW zurückgreift, das ist eher eine Frage der Weltanschauung als der technischen Vorteile.

Ich persönlich entschied mich aus verschiedenen Gründen für eine Yamaha XVZ 750 Superténéré. Der Wichtigste: Der Schweizer Yamaha-Importeur Hostettler in Sursee stellte mir eine gebrauchte Maschine zur Verfügung. Dazu kam, daß ich mit der Superténéré schon vor meiner Reise viele Kilometer gefahren war und sie als ein durchzugkräftiges, leicht be-

Vollgepackt: Meine Yamaha bei der Abreise.

herrschbares Motorrad kennengelernt hatte. Dieser Eindruck bestätigte sich auf der Panamericana: Die Yamaha schleppt zwar einiges an Gewicht herum, doch der Motor hat schon in tiefsten Drehzahlen soviel Kraft, daß man sich jederzeit aus brenzligen Situationen retten kann. Der hochmoderne Fünfventilmotor zeigte sich überraschenderweise auch völlig gefeit vor technischen Problemen: Er konsumierte ohne zu murren Benzin mit knapp über 80 Oktan, er verdaute Paßüberquerungen in fast 5000 Meter Höhe, ohne sich je zu verschlucken. Und einen klaren Vorteil gegenüber der BMW hat die Japanerin: Sie ist viel schneller, was man dann schätzen lernt, wenn man 1000 asphaltierte Kilometer durch die chilenische Wüste vor sich hat.

Technische Daten:

Wassergekühler 2-Zylinder-4-Takt-Motor, Hubraum 749 cm3, Bohrung x Hub 87 x 63 mm, Verdichtung 9,5:1, Leistung ca. 70 PS, max. Drehmoment ca. 90 Nm bei 5500/min, zwei obenliegende Nockenwellen, elektrischer Anlasser.

Andere Motorräder, die ebenfalls zu empfehlen sind: BMW G/S 80, BMW G/S 100, Honda AfricaTwin. Bedingt empfehlenswert: Honda TransAlp, Kawasaki KLE 500, Cagiva Elephant i.e., BMW R80.

Zu beachten ist, daß Ersatzteile für japanische Motorräder nur in den USA, Kanada, Mexiko, Kolumbien und Chile erhältlich sind. Bei einer BMW sieht diese Situation etwas besser aus, doch auch für das deutsche Produkt ist

Traumstraße: Der Highway Nr. 1 hat seinen Namen verdient.

die Versorgung in Mittel- und Südamerika bei weitem nicht überall gewährleistet.

Eine grundsätzliche Überlegung muß man sich aber schon lange vor der Abreise machen: Soll man das Motorrad von daheim mitnehmen, oder soll man es in Amerika kaufen. Beide Varianten haben ihre Nachteile: Nimmt man sein schon präpariertes Motorrad mit, so kommt das vielleicht ein wenig teurer, doch dafür kennt man seine Maschine und kann auch gleich losfahren. Wer das Motorrad in den USA kauft, bekommt zwar oft einen guten Preis und hat auch weniger Probleme mit der Versicherung, dafür wird man auch die amerikanischen Nummernschilder nicht mehr los, was in verschiedenen lateinamerikanischen Ländern zu einem großen Handicap werden kann, ist man doch als Gringo in einigen Gebieten nicht gerade gern gesehen.

Auch stellt sich die Frage, was man an Ersatzteilen auf den langen Weg mitnehmen soll. Alles oder nichts, heißt hier die Devise: Ich entschied mich für nichts. Und das aus dem einfachen Grund, weil viele Ersatzteile auch viel an Zusatzgewicht bedeuten. Selbstverständlich sollte man ein Werkzeug-Set dabeihaben, damit man einen Reifen wechseln oder die Ventile nachstellen kann, doch das Mitschleppen von Ersatzpneus, Zylinderköpfen oder Batterien lohnt sich kaum. Denn er-

stens geht erfahrungsgemäß eh immer das kaputt, was man gerade nicht dabei hat, und zweitens muß man auf einer Panamericana auf jeden Fall sehr schnell lernen, wie man im Notfall improvisieren kann. Dabei hilft, daß gerade die Lateinamerikaner sehr hilfsbereit sind und nicht schlafen gehen, bevor das Problem gelöst ist.

Vorbereitungen

Probleme mit dem Motorrad sind natürlich nicht auszuschließen. Mit einigen wenigen Vorbereitungen, die auch nicht das große Geld kosten, kann man sich allerdings Unannehmlichkeiten ersparen - und auch bequemer reisen. Meine Yamaha XVZ 750 Superténéré wurde von Hubler Motos in Basel, die große Erfahrung

Saubere Schuhe sind ein Muß.

Unberührte Natur: Die Lagune beim Vulcano Poas bei San José.

mit Motorrädern haben, die auf große Reisen gehen, nach meinen Wünschen umgebaut. In diesen Vorbereitungen waren inbegriffen: Drosselung des Motors, damit er auch niederoktaniges Benzin verträgt, Aufbau einer Gepäckbrücke, Beschneidung der Sitzbank auf einen Sitzplatz, neuer, härterer Stoßdämpfer hinten, Schutzgitter für die Frontlampen und Vorderbremsen, neue Handgriffe sowie ein Handschutz. Sämtliche Plastikteile der Yamaha wurden außerdem in den Farben meiner Sponsoren Chesterfield und Yamaha bemalt, was mir allerdings für die Reise nur einen finanziellen Nutzen brachte.

Sinnvoll ist selbstverständlich, wenn man sein Motorrad im Griff hat. Wer nie mit der Maschine, die ihn auf der Reise tragen soll, im Gelände war, dürfte unterwegs einige eher unangenehme Überraschungen erleben. Man soll das

Motorrad aber nicht nur fühlen, man sollte echte Gefühle für die Maschine entwickeln. Ich war am Schluß soweit, daß ich jeden Abend noch ein paar Worte mit meiner Yamaha sprach, mich bedankte, daß sie wieder ohne zu murren so weit gefahren war, und ihr dann als Zeichen der Anerkennung gar noch ein wenig den Tank tätschelte…

Der Mensch

Das Wichtigste: Englisch und Spanisch sprechen oder lernen. Wer diese beiden Sprachen nicht zumindest fließend spricht, der wird seine Reise spätestens in Mexiko beenden müssen. In Kanada und den Vereinigten Staaten ist das Problem der Verständigung noch nicht so groß, hier kann man seinen Weg mit anständigen Karten selber finden. In Lateinamerika ist man aber ohne Spanischkenntnisse buchstäblich am

Arsch: Oft wissen nur die Einheimischen, wo es langgeht. Und diese oft sehr einfachen Menschen sprechen beim besten Willen keine Fremdsprachen.

Ganz abgesehen davon ist das Erlebnis einer Reise natürlich viel größer, wenn man sich mit den Einheimischen verständigen kann. Mit die schönsten Dinge meiner Reise erlebte ich, wenn ich irgendwo am Straßenrand oder abends in einem Restaurant mit den Leuten sprach, die dort wohnen, wenn sie ins Plaudern kamen, wenn sie mir Tips für die Weiterreise gaben, wenn sie mir nur schon erklärten, was die lokalen Spezialitäten sind.

Eine gute Kondition und Konstitution sind selbstverständlich ebenfalls Voraussetzungen für eine solche Reise, die doch über 25'000 Kilometer führt. Wer mit seinem Motorrad manchmal am Sonntag 500 Kilometer quer durch die Alpen fährt, der ist meist am Abend völlig geschafft, der Rücken tut ihm weh, der Hintern sowieso, die Arme schmerzen und sind lahm. Auf der Panamericana sind solche Tagesausflüge alltäglich - und oft viel härter. Denn spätestens ab der Baja California sind die großen Fernstraßen selten, man kämpft sich durch Schotter, Schlamm, Sand. Und dann sind schon 50 Kilometer eine körperliche Tortur.

Es ist aber sicher nicht nötig, daß man sich vor einer solchen Fahrt die Kondition eines Triathleten, der beim Iron Man in Hawaii gewinnen will, aneignet. Auch muß man seinen Körper nicht mit bei Schnee und Eis draußen verbrachten Nächten an die Kälte gewöhnen - gute Kleidung nützt da viel mehr. Die körperliche Vorbereitung soll sinnvoll und zielgerichtet sein: Ein paar größere Ausflüge mit dem Motorrad in-

Guten Appetit!

klusive Campieren reichen vollkommen.

Vorbereitung braucht aber auf jeden Fall der Kopf. Reine Abenteuerlust reicht nicht aus, um die Panamericana zu bestehen. Man sollte sich und seinen Geist schon einigermaßen im Griff haben, bevor man sich auf eine solche Fahrt wagt. Ich habe gestandene Mannsbilder weinen sehen, weil ihnen irgendwelche lateinamerikanische Zollbeamten mit geradezu lächerlichen Kleinigkeiten zusetzten - hier muß man Ruhe bewahren können. Ein Schwabe erzählte mir in Peru, daß er nach Hause fliege, weil er seit Wochen nichts mehr Anständiges zu essen bekommen habe - hier muß man sich an die lokalen Begebenheiten gewöhnen können, auch wenn es oft schwerfällt, gebratene Schweineohren zu essen, wenn man von Spätzle träumt. Ein französisches Paar, das ich mit ihrer Honda unterwegs traf, brach die Reise in Panama ab, weil sie keine Möglichkeit sahen, für wenig Geld nach Kolumbien zu kommen - hier sollte man improvisieren, warten, organisieren können. Wer die Reise ruhig und ohne Arroganz angeht, der wird Feuerland vielleicht sehen - wer losrast wie ein junger Stier, wird mit größter Wahrscheinlichkeit scheitern.

Ausrüstung

Als ich in Anchorage, Alaska, ankam, hatte ich rund 60 Kilogramm an Gepäck bei mir. Am Schluß der Reise, in Santiago de Chile, schickte ich rund 20 Kilogramm an Ausrüstung nach Hause. Die Rechnung ist also ganz einfach: 40 Kilo waren schlichtweg zuviel.

Was also braucht der Mensch auf der Panamericana? Außer der typischen Motorradfahrer-Ausrüstung eigentlich wenig. Der Helm versteht sich von selber, auch wenn in den meisten der befahrenen Länder keine Tragpflicht besteht. Ich selber fuhr keinen Kilometer ohne das Ding - und

Gefährlich: Die Straßen sind gerade in Südamerika nicht immer gut.

Alles so schön bunt hier: Der Markt von Otavalo in Ecuador.

wenn ich darunter in der Hitze fast verschmachtete.

Etwas fahrlässiger ging ich mit der Kleidung um. Da ich auf Leder allergisch bin, fuhr ich immer mit Jeans. Empfehlen will ich das niemandem, und ich will auch gar nicht wissen, was paßiert wäre, wenn ich einmal wirklich heftig zu Boden gegangen wäre. Was ich hingegen immer trug, waren hohe und schwere Cross-Stiefel sowie eine Jacke, die an den exponierten Stellen verstärkt war. Diese Jacke

trieb mir zwar oft den Schweiß in die Stirn, doch sie hatte neben dem guten Windschutz auch noch den Vorteil vieler Taschen, in denen sich Dokumente und andere lebenswichtige Dinge gut verstauen ließen.

Es ist auch fraglich, ob es sich lohnt, eine Regenkombi mitzuschleppen. In Mittelamerika kommen Regengüße oft so unvermittelt, daß man kaum Zeit hat, sich diesen Wetterschutz überzuziehen - und ist man erst einmal drin, so brennt schon wieder die Sonne herunter. Auch habe ich Regengüße erlebt, die waren so stark, daß selbst ein Fisch bis auf die Gräte naß geworden wäre: Dann ist man froh, wenn man so wenig wie möglich anhat, und einfach am Abend in frische und vor allem trockene Kleider schlüpfen kann.

Doch was braucht der Mensch auf einer so langen Reise wirklich? Sicher einmal die üblichen Dinge wie Zahnbürste, Unterwäsche und eine saubere Jeans. Aber aufgepaßt! Man sollte nicht tonnenweise T-Shirts mitschleppen, denn die kann man auch unterwegs kaufen, und das erst noch viel günstiger als Europa. Das gleiche gilt für Zahnpasta, Waschmittel, all die Dinge halt, die man in jedem Shop, sei es nun in Alaska oder in Feuerland, bekommt. Nicht verzichten sollte man auf eine gut ausgestattete Apotheke mit Mitteln gegen Durchfall und Verstopfung, eine Wundsalbe kann auch helfen, Pflaster und Verband gehören sowieso dazu. Wie man diesen Teil der Ausrüstung zusammenstellt, das wird der Reisende selber am besten wissen. Ein paar Worte möchte ich noch zu den Medikamenten verlieren: Südamerikanische Zöllner können sehr heikel sein, wenn sie auf Pillen und Pülverchen stoßen, die sie nicht identifizieren können. Aus diesem Grund sollte man Medikamente immer in der Originalverpackung mit sich führen. Geradezu penetrant unfreundlich werden diese Zöllner, wenn sie Drogen entdecken - und ich weiß nicht, ob ein längerer Aufenthalt in einem kolumbianischen Gefängnis wirklich das ist, was der Mensch braucht. Deshalb in dieser Beziehung eine ganz einfache Regel: Finger weg!

Das größte und auch sperrigste Problem bei einer Reise von diesem Ausmaß ist die Kleidung, kommt man doch aus der Kälte von Alaska in die Hitze der Baja California, dann in die Feuchtigkeit von Mittel- und Südamerika und schließlich wieder in die brutale Kälte von Feuerland. Man muß also alles dabeihaben - von der Badehose bis zum dicken Pullover. Empfehlenswert sind auf jeden Fall diese Faserpelze, die sowohl gegen Kälte als auch Feuch-

Immer neugierig: Die Kinder.

Wie das Leben so spielt: Auch ein Motorrad kann Auto fahren.

tigkeit schützen. Auch auf einen guten Schlafsack sollte man nicht verzichten. Dazu noch ein kleiner Trick: Da es gerade in Lateinamerika mit der Hygiene nicht immer zum besten steht, solllte man sich aus einem alten Leintuch einen dünnen Schlafsack basteln, einfach falten, dann unten und auf der Seite zunähen. Ich persönlich schlafe lieber im eigenen als im fremden Dreck...

Was soll man sonst noch mitschleppen? Sicher einmal eine Kamera und etwas Papier, damit man seine Erlebnisse aufschreiben kann. Ich selber hatte nicht nur drei Kameras dabei, nein, ich trug auch ein kleines Laptop (Zenith Minisport HD, rund zwei Kilo schwer, aber von für mich unschätzbarem Wert) von Alaska bis nach Feuerland. Oft schadet es auch nicht, wenn man ein paar Tage nicht auf seinem Motorrad sitzt, sondern an einem schönen Strand die Füße auf den Tisch legt und sich in ein Buch vertieft.

Das bringt mich auf ein anderes Thema: Reiseführer. Es herrscht eine Fülle an guten Reiseführern, die die Reise bis nach San Diego führen - hier sollte man in einer guten Buchhandlung nachfragen und selber ein bißchen in den einzelnen Büchern schmökern und herausfinden, was einem am besten hilft. Südlich der Vereinigten Staaten gibt es nur noch zwei Reiseführer, die ihr Geld wert sind: Das «Mexico & Central American Handbook» sowie das «South American Handbook», beide erschienen bei «Trade & Travel Publications». Beide Bücher werden jedes Jahr aktualisiert und sind nur in Englisch erhältlich - aber englisch sollte man ja sowieso können, wenn man sich auf die Panamericana wagt. Nach Karten sieht man sich auch am besten schon daheim in einer spezialisierten Buchhandlung um: Gerade in Südamerika ist es schwierig, genaue Straßenkarten zu bekommen.

Impfungen

Einige lateinamerikanische Länder sind sehr restriktiv in Bezug auf Schutzimpfungen - bei der Einreise muß ein internationaler Impfausweis (gelb) vorgezeigt werden, in dem mindestens die eine Gelbfieberimpfung eingetragen sein muß. Unbedingt nötig ist sicher auch eine Tetanus-Impfung sowie eine Impfung gegen Kinderlähmung. Den Rest sollte man dem Facharzt überlassen: Er wird genau sagen können, ob und welche Hepatitis-Impfungen notwendig sind, ob es eine Malaria-Prophylaxe braucht.

Campieren oder Hotel?

Das ist selbstverständlich eine Frage des Budgets. Prinzipiell ist es so, daß in Kanada und den USA die Hotels teuer sind, aber die Campingplätze ebenfalls. Wer wild campieren will, der sollte sich vorher schlau machen, ob es überhaupt erlaubt ist: In manchen Gebieten Kanadas kann man nämlich eine happige Buße riskieren. Dazu noch ein Tip eines Rangers, der für alle Gebiete gilt, in denen Bären leben: Man sollte nie die Zahnpasta ins Zelt nehmen, Bären sind nämlich verrückt danach und lassen sich durch nichts aufhalten, um an sie ranzukommen.

In südlicheren Gefilden ist Camping zwar durch die Wärme reizvoller, aber auch bedeutend gefährlicher. Diesmal sind es aber

Der Berg ruft: In Ecuador geht es auf über 4000 Meter Höhe.

nicht die Bären, die auf Suche nach Zahnpasta sind, sondern eher rika. Für alle anderen Länder genügt ein gültiger Reisepaß.

Es ladet zum Bade: Schöne Strände gibt es mehr als genug.

Menschen, die auf alles andere als Zahnpasta Wert legen. Doch in Lateinamerika sollte sich jeder ein Hotel oder eine Pension leisten können, die oft nicht mehr als eine Handvoll Dollar kosten und zudem oft noch den unschätzbaren Vorteil bieten, daß man seine Maschine sicher einstellen kann.

Ich werde in den einzelnen Kapiteln auf günstige oder besonders empfehlenswerte Übernachtungsmöglichkeiten eingehen.

Papierkram

Nur ein einziges Land verlangt von deutschen, österreichischen und Schweizer Bürgern ein Visum: Die Vereinigten Staaten von Ame-

Selbstverständlich braucht man auch einen internationalen Führerschein, doch aufgepaßt, die normale europäische Version beinhaltet keine spanische Übersetzung, die man sich unbedingt besorgen sollte. Meist wird der Mensch keine großen Probleme mit der Einreise haben, doch für das Fahrzeug können sich Schwierigkeiten ergeben. Hier sind zwei Dokumente schlichtweg unerläßlich: Für Nordamerika braucht man einen ATA-Paß, in Südamerika geht es ohne das «Carnet de passage de douane» nicht mehr weiter. Wo man diese Zoll-Papiere, die man auch auf gar keinen Fall verlieren sollte, erhält, das wissen die nationalen Verkehrsverbände (ADAC in Deutschland, ÖAMTC in Österreich, ACS oder TCS in der Schweiz). Diese Stellen können einem auch bei Versicherungsfragen weiterhelfen. BMW-Fahrer haben hier einen kleinen Vorteil, können sie doch direkt über die Zentrale in München eine gute Versicherung zu einem vernünftigen Preis abschließen. Allerdings hat sich BMW in letzter Zeit vermehrt Gedanken gemacht, ob dieser Service weiterhin bestehen bleiben soll.

Transport

Auch hier ist wieder der Mensch das geringere Problem - mit rund 1000 Mark für den Einfach-Flug nach Anchorage ist man dabei. Gleichviel muß man für den Transport des Motorrades rechnen, wenn man die Maschine mit dem Flugzeug schicken will. Hier sind vor allem Panalpina (in fast allen europäischen Städten vertreten) und Jacky Maeder (in der Schweiz) zu empfehlen. Billiger geht es per Schiff: Da dauert der Transport zwar etwa drei Monate, dafür sind die Kosten mit rund 500 Mark einiges günstiger. Hier kann man vor allem Danzas und Hapag-Lloyd empfehlen.

Eine besonders elegante Lösung bietet das Reisebüro Geislinger im deutschen Geislingen (Telefon 0049/7433-2491) an. Dort organisiert man nicht nur den Transport per Lufthansa-Cargo, sondern erledigt auch den ganzen Papierkram - und das erst noch zu sehr vernünftigen Preisen.

So richtig schön kitschig: Ein Sonnenuntergang in Alaska.

Die beste Reisezeit

Eine schwierige Frage: Es kommt sehr darauf an, wieviel Zeit man für die Reise zur Verfügung hat. Wer zwei Jahre unterwegs sein kann, der muß sich über das Problem der besten Reisezeit kaum Gedanken machen, wer wie ich die Reise in sechs Monaten abwickeln will, schon.

Drei Dinge sind zu berücksichtigen: In Alaska ist während rund sieben Monaten, vom September bis April, nicht oder kaum möglich, Motorrad zu fahren. Noch schlimmer ist es in Feuerland: Hier sind die klimatischen Verhältnisse von März bis November derart unangenehm, daß man nicht einmal einen Pinguin nach draußen schickt. Und schließlich kommen noch die Regenzeiten in Mittelamerika dazu, die sich schwer einschätzen lassen, aber jedem Motorradfahrer das Vergnügen arg vermiesen können.

Die sinnvollste Lösung für Reisende, die nicht allzu viel Zeit haben: Spätestens im August in Alaska losfahren, damit man die schlimmste Regenzeit in Mittelamerika nicht mitbekommt, um dann ungefähr im Januar in Feuerland einzutreffen.

Geld

Daß man für eine sechsmonatige Reise nicht sein ganzes Vermögen in Bargeld mitschleppen sollte, das versteht sich wohl von selber. Einen ausreichenden Vorrat an Dollar sollte man aber auf jeden Fall dabeihaben, damit man

Kulinarische Genüsse: Fischliebhaber kommen auf ihre Rechnung.

Kleinigkeiten wie Benzin, Zwischenverpflegungen, Zigaretten oder korrupte Zollbeamten bezahlen kann. Es macht meiner Meinung nach auch wenig Sinn, wenn man sich mit Reiseschecks herumplagen muß, denn gerade in Südamerika ist die einzige Bank, die diese Papiere wechselt, entweder geschlossen oder dann in einer anderen Stadt. Viel einfacher läßt sich eine solche Reise mit der Kreditkarte abwickeln, bietet sie neben der Sicherheit heute auch die Möglichkeit, Bargeld zu beziehen. Ich machte prinzipiell sehr gute Erfahrungen mit Visa, weil diese Karte auch in Südamerika praktisch überall akzeptiert wird, was bei einer Eurocard/Mastercard oder vor allem bei Diners nicht unbedingt sicher ist.

Doch mit welchen Kosten muß man auf einer solchen Reise rechnen? Das kommt ganz darauf an, welchen Lebensstandard man aufrecht erhalten will. Wer dauernd im Hotel übernachtet und sich

Feuerland: Und deswegen soll man so weit gefahren sein…

immer in guten Restaurants verpflegt, muß selbstverständlich solventer sein als der professionell ausgerüstete Camper, der sich sein Essen immer selber zubereitet.

Meine Kostenrechnung, welche das Motorrad und seine Vorbereitung nicht beinhaltet, sah in Schweizer Franken folgendermaßen aus:

Transport des Motorrades: 1000.-
Flug nach Alaska: 800.-
Flug nach Zürich: 1200.-
Übernachtungen: pro Monat 800.-
Essen: pro Monat 750.-
Benzin, Öl: 1000.-
Reparaturen, Ersatzteile: 600.-
Fähren, Flüge: 800.-
Sonstiges: 1500.-

Das ergibt Gesamtkosten von etwas über 16'000 Franken, wobei man bei den beiden größten Posten Übernachtungen und Essen sicher auch günstiger von Alaska nach Feuerland fahren kann. Gerade in Lateinamerika kann man selbstverständlich für europäische Verhältnisse sehr billig leben, wobei ich persönlich der Meinung bin, daß man diese Möglichkeiten nicht gnadenlos ausnützen sollte, sondern auch einmal etwas mehr bezahlen kann, ganz im Sinne einer direkten Unterstützung der Einheimischen. Alternativ-Touristen, welche sich in 3.-Welt-Ländern auch noch einladen lassen und sich daran erfreuen, daß sie mit nur 200 Dollar überleben können, sind mir genauso zuwider wie die Luxus-Touristen, die das Gefühl haben, sich mit ihrem Geld alles erlauben zu können. Aber in dieser Beziehung muß jeder selber seinen Weg finden.

Tapfer: Meine Superténéré.

Das Abenteuer beginnt

Schon der Flug von Zürich über London und Minneapolis nach Anchorage ließ das Schlimmste erwarten: Mehr als 20 Stunden war ich unterwegs, zuviele davon auf einem amerikanischen Inland-Flug, wo das Rauchen bedauerlicherweise verboten ist. Und das mir, der ich doch von Chesterfield gesponsert war…

Als ich am frühen Morgen in die beißende Kälte der mit rund einer Viertelmillion Einwohnern größten Stadt Alaskas wagte, rechnete ich mit ernsthaften Schwierigkeiten mit den Zollbehörden, die mein in eine Kiste verpacktes Motorrad überprüfen und mit einem Stempel segnen sollten. Doch die beiden Zollbeamten warfen nur einen kurzen Blick auf meine Papiere, sahen sich die Holzkiste von außen an - und wünschten mir viel Vergnügen auf meiner langen Fahrt in den Süden. Mir sollte dieses unkomplizierte Vorgehen recht sein, hatte ich doch in die Kiste mit meinem Motorrad auch einen großen Teil meiner Ausrüstung verpackt, was nicht unbedingt sehr legal war.

Mit Hilfe von Juan, einem bei der Transportgesellschaft angestellten Mexikaner, zertrümmerte ich die Kiste. Irgendwie war das ein großer Moment, hatte ich doch meine Yamaha seit der Beendigung des Umbaus nicht mehr gesehen. Wie sah sie wohl aus, die Maschine, die mich in den nächsten sechs Monaten begleiten sollte? Die Enttäuschung war groß: Für den Flug nach Alaska war die Superténéré komplett demontiert

Zur frohen Aussicht: Landschaftlich weiß Alaska zu gefallen.

Auf großer Fahrt: Unterwegs nach Feuerland...

worden, kein Lenker, keine Räder, keine Kette, kein gar nichts. Das große Basteln konnte beginnen, wobei ich in diesem Zusammenhang vielleicht anmerken sollte, daß ich bis zu diesem Zeitpunkt noch keinerlei mechanische Grundkenntnisse hatte, bisher hatte mich schon das Wechseln eines Reifens in Schweißausbrüche versetzt. Doch es ist immer wieder erstaunlich, was der Mensch alles kann, wenn er nur will: Innerhalb von drei Stunden hatte ich den kompletten Lenker montiert, die Räder dahin gebracht, wo sie hingehören, und auch die Kette paßte. Das einzige Problem, das sich noch stellte, mußte ich nicht auf meine Kappe nehmen: Yamaha Schweiz hatte beim Verpacken der Maschine freundlicherweise das Kupplungskabel vergessen...

Da kam Juan, der alles mit den Füßen auf dem Tisch mitverfolgt hatte, auf eine glänzende Idee: Knapp 100 Meter neben dem Gebäude, in dem ich mich abgemüht hatte, war eine Yamaha-Vertretung, die mir vielleicht weiterhelfen konnte. Was die Herren dort selbstverständlich taten. Zwar hatten sie natürlich kein Kupplungsseil für eine XVZ 750 Superténéré an Lager, weil sie von einer solchen Maschine noch nie etwas gehört hatten, doch sie paßten mir ein ähnliches, aber viel zu kurzes Kabel einer XT 600 an. So ganz nebenbei machten sie mich auch noch darauf aufmerksam, daß ich vergessen hatte, die Hinterradbremse anzuschließen und wünschten mir dann ebenfalls viel Glück auf meiner weiten Reise.

Anchorage ①

Wie andere große Städte der Welt wenig schön, aber ein paar Runden sollte man schon drehen. Außerdem kann man sich mit wirklich allem eindecken, was man für ein Reise-Abenteuer braucht - wenn man das entsprechend dicke Portemonnaie hat. Hotels: die besten: Anchorage Westward-Hilton (3rd Avenue mit E-Street), Captain Cook (5th Avenue mit K-Street). Die günstigen: Anchorage Youth Hostel (Minnesota Drive mit 32nd Avenue), Hillside Motel (2150 Gambell). Der Tip: John's Motel (3543 Mount View Drive).

Die Stadt Anchorage sollte man sich schon anschauen, obwohl sie nur wenige Gebäude bietet, die wirklich einen Blick wert sind. Doch es wundert schon, daß hier im hohen Norden, wo der Winter mindestens sechs Monate dauert, eine derart große Stadt mit viel Industrie entstehen konnte. Beim Eindunkeln wird man dann aber den größten Nachteil von Anchorage am eigenen Leib erfahren: Alles, vom Essen über das Schlafen bis zum Bier, ist hier fürchterlich teuer. Halbwegs anständige Hotels sind zum Beispiel nicht unter 80 Dollar zu haben - für mich ein Grund, sofort das Weite zu suchen. Noch am gleichen Abend erreichte ich unter völliger Mißachtung der Tempolimits das King Mountain Lodge, wo ich nach einem kühlen Bier (bei der Kälte!) und einem nicht sehr saftigen Steak in einem billigen Zimmer völlig erschöpft in den Tiefschlaf fiel.

Am nächsten Morgen weckte mich das schlechte Gewissen - ich hatte meine Yamaha einfach abgestellt und nicht einmal das Gepäck in das Zimmer gebracht. Ich raste nach draußen - es war noch alles da. Anscheinend stimmt

Die große Weite in Alaska - und man sieht nur Wald und Wasser.

es, daß die Bewohner von Alaska nicht nur sehr friedlich, sondern auch sehr ehrlich sind. Nach dem kräftigen Frühstück, der einzigen Mahlzeit, die in Amerika wirklich ein Genuß ist, verstaute ich erst mal mein Gepäck im Zimmer und erkundete dann zu Fuß die Umgebung.

Am Nachmittag widmete ich mich intensiv meiner Ausrüstung. Was nicht dringend gebraucht wurde und trocken bleiben sollte, verstaute ich im großen Außenkoffer, was zerbrechlich war und bei einem allfälligen Sturz Schaden nehmen konnte, kam in den anderen, sehr stabilen Außenkoffer. Was ich auf der Fahrt immer wieder benötigte wie die Karten oder Reiseführer, lud ich in den Tankrucksack. Der Rest kam in die Tasche, die ich hinter mir auf das Motorrad schnallte und die mir auch als Rückenlehne diente. Schon bei dieser ersten Neuorganisation meines Gepäcks merkte ich, daß ich viel zuviel an Ausrüstung mitschleppte - doch zurückschicken konnte ich diese Dinge erst, wenn ich wieder «zivilisierte» Gebiete erreichte. Das würde in Vancouver sein, also nach etwas mehr als 3000 Kilometern...

Höchst eindrucksvoll: Der Matanuska-Gletscher.

Und noch einmal der Matanuska-Gletscher - diesmal aus der Ferne.

Die Fahrt in die unendlichen Weiten Alaskas wird mir für immer als eines der schönsten Erlebnisse dieser Reise in Erinnerung bleiben. Die Landschaft gefällt sich in ihrer Ruhe, die Berge sind eindrucksvoll, es reihen sich tiefblaue Seen an bizarre Gletscher. Und immer wieder Wald, Wald, nichts als Wald.

Seen gibt es hier auch zu Tausenden, so viele, daß sie oft schon gar nicht mehr benannt werden. Beeindruckend sind auch die Distanzen. Zwischen den einzelnen Dörfern kann schon einmal eine Tagesreise und 400 Kilometer liegen.

Ich weiß nicht, was ich erwartet hatte - hinter jeder Kreuzung einen Bären, nach jeder Kurve einen Elch? Wilde Tiere bekam ich auf jeden Fall selten zu sehen, auch auf dieser kaum befahrenen Straße von Anchorage in Richtung Tok nicht. Dann und wann ein freches Eichhörnchen, das sich todesmutig auf die Straße stürzte, um sofort wieder im unendlichen Wald zu verschwinden, manchmal eine Bisamratte oder ein Hase. Als dann endlich einmal ein Elch am Straßenrand stand, fiel ich vor Überraschung fast vom Motorrad. Doch auch die Einheimischen sind ganz stolz, wenn sie einmal einen Adler am Himmel sehen. Ich hätte mich noch mehr in die Wildnis dieses gewaltigen Landes wagen müssen, um die Fauna beobachten zu können. Außerdem sind im August die meisten Tiere noch weiter im Norden, dort, wo es wirklich keine Menschen mehr hat.

Trotzdem, beeindruckt war ich schon von Alaska. Nicht nur von der unendlichen Weite und der Schönheit der Landschaft, sondern auch von den Menschen, die hier leben. Viele Amerikaner, die dem Trubel der «lower 49», wie der Rest der Vereinigten Staaten in ihrem Jargon heißt, entfliehen wollten, leben hier oben im hohen Norden. Sie sind jederzeit freundlich, helfen, wo immer sie können, und sind auch immer für einen freundlichen Schwatz zu haben, sind sie doch froh um jeden, der mit ihnen in diesem kaum besiedelten, unwirtlichen Gebiet, in dem der Winter länger als der Sommer dauert, ein paar Worte wechselt. Daß die Menschen durch die lange Einsamkeit etwas speziell werden, das ist nicht von der Hand zu weisen: Als ich im King Mountain Lodge übernachtete, hatten drei gestandene Herren plötzlich die glänzende Idee, mit ihren Gewehren ein wenig auf die vorbeifahrenden Lastwagen zu ballern…

Doch zu lange konnte ich jeweils nicht bleiben - auf dem Motorrad war es schon ziemlich kalt, und ich mußte weiter, bevor mich der er-

Gehört auch noch zu Alaska: Der Hafen von Skagway.

Alaska ist und bleibt eine Reise wert - gerade im Herbst.

ste Schnee überraschte. Deshalb entschied ich mich auch, als ich an der großen Kreuzung im Dörfchen Tok ankam, nicht nach Norden in Richtung Fairbanks, sondern so schnell als möglich nach Kanada zu fahren. Diese Entscheidung stellte sich als nur mäßig gut heraus: Vor allem einmal deshalb, weil mir später der Norden Alaskas als besonders schön geschildert wurde, dann auch, weil ich auf dem Weg gegen Süden kein Hotel mehr fand. Als ich endlich an der kanadischen Grenze in Beaver Creek eintraf, war es schon mitten in der Nacht und verdammt kalt. Glücklicherweise hatte ein freundlicher kanadischer Zöllner Erbarmen mit mir und drückte mir die nötigen Stempel in meine Dokumente, obwohl sein Büro schon lange geschlossen war.

Die Strecke von Anchorage nach Tok auf dem Glenn Highway ist etwas über 500 Kilometer lang und bietet praktisch auf der ganzen Strecke landschaftliche Sehenswürdigkeiten. Der Höhepunkt der Fahrt ist sicher der Ausblick auf den gewaltigen Matanuska-Gletscher, den man mit einem kleinen

Abstecher vom Glenn Highway auch ganz aus der Nähe besichtigen kann. Schön ist auch die Aussicht auf dem höchsten Punkt der Strecke, dem Eureka Summit (1013 Meter über Meer) sowie die Stelle bei «Duffy's Roadhouse», von wo aus man den fast 5000 Meter hohen erloschenen Vulkan Mount Sanford sehen kann. In Tok biegt man dann in den Alaska Highway ein, auch «Alcan» genannt und sicher eines der denkwürdigsten Bauwerke dieses Jahrhun-

On the road: Mit der Yamaha Superténéré auf dem Weg nach Süden.

Abschied vom hohen Norden: Ein Blick zurück nach Alaska.

derts. Mit dem Bau begannen die Amerikaner im März 1942, eröffnet wurde die insgesamt 2446 Kilometer lange Straße schon am 20. November 1942. Anlaß zum Bau war die Landung der Japaner auf den Alaska vorgelagerten Aleuten-Inseln, durch die sich die Amerikaner bedroht fühlten und deshalb eine wetterfeste Straße hinklotzten, um die Truppen im Norden mit Nachschub zu versorgen.

Die Strecke von Tok nach Beaver Creek ist nicht besonders interessant, wenn man einmal von der unendlichen Einsamkeit und der fast unberührten Natur absieht. Sonst sieht man vor lauter Bäumen den Wald fast nicht mehr.

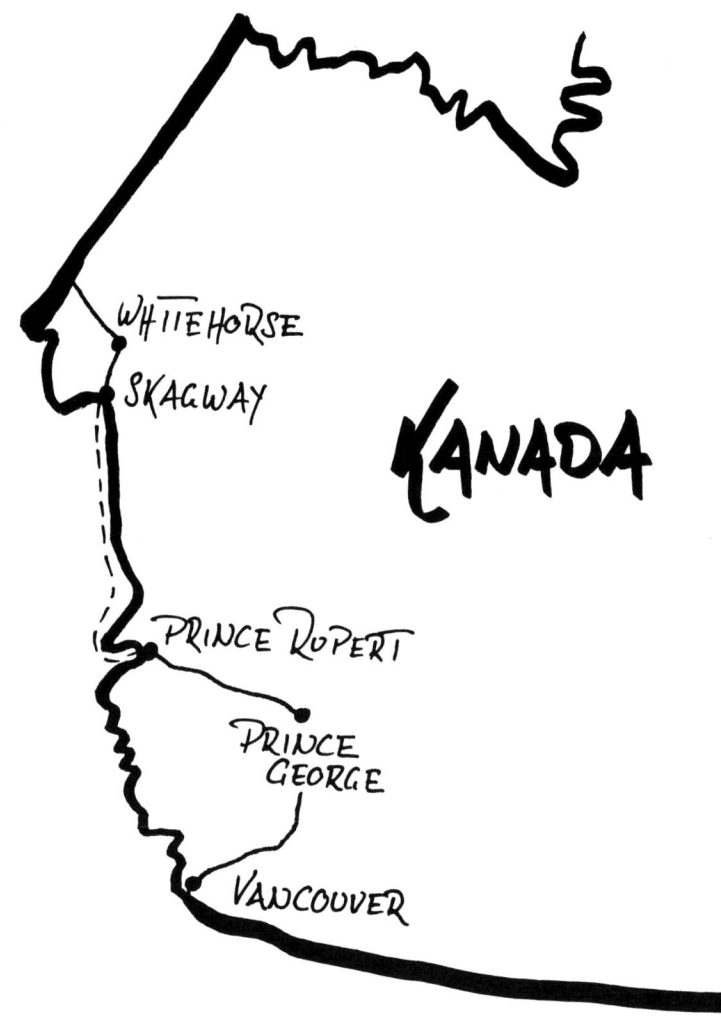

Keine Bären zu sehen

Beaver Creek ist nicht unbedingt der Ort, in dem man rauschende Feste erwarten darf. Die drei Hotels, «Ida's Motel», «Marvin's Roost Motel» und das «Alaskan Border Lodge» unterscheiden sich kaum, weder in den Preisen noch in der nicht besonders ansprechenden Qualität. Man schläft dort halt, weil man müde ist, man ißt dort halt, weil es nicht Besseres gibt. Ich auf jeden Fall war froh, daß ich schon am nächsten Morgen früh wieder auf den Rädern war.

Beaver Creek

Vielleicht gefällt es da den Bibern - ich konnte auch jeden Fall dem Weiler wenig abgewinnen.
Hotels: Die günstigen (und einzigen): Westmark Hotel, Marvin's Inn, Ida's Motel (alle an der Hauptstraße).

Von Beaver Creek führt die gut ausgebaute Straße mit ihren vielen Kurven - ein Paradies für Motorradfahrer, die gerne auch einmal das Gas stehen lassen - zuerst nach Burwash und dann am Ufer des Kluane Lake entlang durch den wunderschönen Kluane National Park. Gerne machte ich hier hin und wieder einen Halt, um mich an der traumhaften Landschaft mit dem türkisblauen See und den dahinter in den Himmel wachsenden, gewaltigen Bergen zu erfreuen. Wer sich Zeit nehmen kann und will, sollte ruhig ein paar Tage in diesem 22'000 Quadratkilometer großen Nationalpark verbringen, der die größte Ansammlung an Gletschern außerhalb der Polarregion bietet. Besonders imposant der Steele-Gletscher, der 1966 in nur einem Mo-

Es geht im gleichen Stile weiter: Auch Kanada gefällt.

nat 550 Meter weiter vorgedrungen sein soll. Weitere Informationen zum Kluane National Park erhält man in Haines Junction. Dort liegt auch ein interessantes Heft «Hiking in Kluane National Park» auf, das die schönsten Wanderungen und Touren sehr gut erklärt.

Weiter ging es dann nach Whitehorse, das rund 450 Kilometer von Beaver Creek entfernt liegt, und wo ich übernachtete. Whitehorse mit seinen rund 20'000 Einwohnern ist die Hauptstadt des kanadischen Yukon Territoriums und entspricht dem Bild, das sich heutige Touristen von einer ehemaligen Goldgräberstadt machen. Doch der Eindruck ist nur vorgetäuscht, die Stadt am Yukon und in der Nähe des damals berüchtigten, heute gestauten Miles Canyon spielte während des Goldrausches nur eine untergeordnete Rolle, obwohl auch Jack London einmal längere Zeit hier lebte. Trotzdem - Whitehorse mit seinen vielen Holzhäusern ist sicher einen längeren Halt wert, weil man hier nicht nur eine Post findet, sondern auch seine Vorräte auffrischen kann, wenn man campiert, oder wieder einmal in einem richtigen Bett schlafen kann, wenn man lieber in Hotels nächtigt. Auch darf man hier wieder einmal etwas Anständiges essen, was zumindest meine Stimmung zu jedem Zeitpunkt der Reise sehr gehoben hat. Wer jetzt schon Heimweh verspürt, der wird sich sicher im französischen Bistro in der 5th Avenue, das von einer Elsässer Familie geführt wird, wie daheim fühlen.

Immer gleich: Wald, Wald, Wald und manchmal ein See.

Whitehorse ③

Hat noch immer etwas von einer Goldgräberstadt, und ist, wenn auch ein wenig touristisch, sehr angenehm.
Hotels: Die besten: Capital Hotel (103 Main Street), Regina (102 Wood Street). Die günstigen: Airport Chalet (Mile 916 Alaska Highway), Kopperking (Mile 918 Alaska Highway). Der Tip: Klondike House (39 Donjek Road).
Touristeninformation: 302 Steele Street. Sehenswert: SS Klondike NHS (ein Raddampfer aus dem Jahre 1937), MacBride Museum. Campingplatz: Takhini Hot Springs, einer der schönsten in ganz Nordamerika. Für das Motorrad: Hennings Yamaha, 2285 2nd Avenue, Tel: (403) 668-2101; Yukon Honda, 4158 4th Avenue, Tel: (403) 668-4451.

In Whitehorse sah ich dann auch zum ersten Mal ein Motorrad, das ebenfalls nach einer großen Reise aussah. Die vollbepackte BMW gehörte einem Schweizer Pärchen, das ich dann auch in den nächsten Tagen begleitete. Gabi und Martin hatten schon ganz Kanada erfahren und waren auf dem Weg zurück in den Süden, in wärmere Gefilde, was ja ebenfalls mein Ziel war. Gemeinsam fuhren wir auf dem berühmtberüchtigten Klondike Highway in Richtung Skagway, von wo aus wir die Fähre nach Prince Rupert nehmen wollten,

weil uns Einheimische davor gewarnt hatten, weiter nach Süden auf der Straße zu fahren, die schon schneebedeckt war. Na ja, so entging mir zwar der Alaska Highway, aber ein paar Tage auf dem Schiff durch die sicherlich nicht uninteressanten Fjorde zu bereisen, das war alles andere als eine schlechte Aussicht. Außerdem hatte mein Hintern sicher nichts dagegen, wenn er sich einmal ein wenig ausruhen durfte.

Die Fahrt ans Meer nach Skagway war imposant. Die Landschaft ist rauh, der Wind pfeift durch das schmale Tal, und ein wenig Schneefall machte die Fahrt auch nicht angenehmer. Eindrücklich ist der Halt auf dem White Paß, der in der Goldgräberzeit eines der am schwierigsten zu überwindenden Hindernisse war und viele Tote for-

In der Ferne der Schnee...

Es geht voran: Die Straßen laden dazu ein, auch mal Gas zu geben.

derte, wie der Friedhof von Skagway heute noch als stiller Zeuge zu berichten vermag. Zwar hatten Martin und Gabi auf ihrer vollgeladenen «Gummikuh» zumindest auf Asphalt ein wenig Schwierigkeiten, mir und meiner Yamaha zu folgen, doch gemeinsam lief die Grenzkontrolle - Skagway gehört wieder zu den USA - viel einfacher und reibungsloser. Wer dieses Stück des Klondike Highway, der bis nach Dawson City führt, befährt, solllte nicht vergessen, daß der Grenzübergang in Carcross nur von 8 bis 24 Uhr geöffnet ist und der Grenzübergang nördlich von Dawson City nur von Mai bis September sowie tagsüber überquert werden darf.

Skagway ist heute von Touristen überflutet, ein Souvenirladen drängt sich an den nächsten, und doch ist das kleine Städtchen sehr interessant. Der Ort entstand, wie das nur 14 Kilometer nördlich, am Fuß des mörderischen Chilkoot-Paßes gelegene Dyea, im Juli 1897, als die ersten Goldgräber von Seattle aus hier in den Norden kamen. Schon wenige Monate später lebten in Skagway rund 20'000 Abenteurer in ihren Zelten, und jeden Monat kamen tausende hinzu. Im Februar 1898 sollen es allein 5000 gewesen sein.

Skagway

Die erste Goldgräberstadt von Alaska, in der man auch heute noch ein wenig am Goldfieber von damals schnuppern darf. Mit dem Bau der «White Paß and Yukon Railway», die heute leider nicht mehr fährt, im Jahre 1899 verlor Skagway aber seine Bedeutung so schnell wieder, wie sie der Ort gewonnen hatte. Heute ist Skagway nur noch ein Hafen, in dem die Touristen landen, um dann auf geführten Touren in ge-

heizten Bussen dem Goldtrail zu folgen. Einige ganz hübsche Häuser aus dieser wilden Zeit kann Skagway aber noch heute vorweisen.

Hotels: Golden North Hotel, Westmark Hotel, Wind Valley Lodge. Touristeninformation: bei der City Hall, sehr hilfreich für Ausflüge in die nähere und weitere Umgebung.

auf die majestätische Küste sowie das Warten, ob sich wohl die in diesen Gewässern heimischen Buckelwale zeigen würden, machten die Reise mit der Fähre interessant. Ob ich wirklich Wale gesehen hatte, das möchte ich an dieser Stelle nicht beschwören, aber zumindest hatte ich mehr als einmal das Gefühl, daß ich den Rücken eines dieser riesigen Meer-

Für einmal nicht bei Capri: Wenn die Sonne im Meer versinkt…

Nachdem wir uns einen Platz auf der wöchentlich Richtung Süden fahrenden Fähre gesichert hatten, legten Gabi, Martin und ich erst mal die Füße auf den Tisch. Die fast zwei Tage dauernde Überfahrt nach Prince Rupert machte Spaß, obwohl wir uns nicht nur die Füße fast abfroren, doch der Blick

essäuger direkt neben dem Schiff beobachten durfte. Nach der Ankunft im Morgengrauen in Prince Rupert und einer erneuten Grenzkontrolle verabschiedete ich mich von Gabi, Martin und ihrer BMW, weil ich mir für diesen langen Tag noch einige Kilometer vorgenommen hatte.

(4 + 1)

Fähre zwischen Prince Rupert und Skagway/Haines. Weitere Infos: Alaska Marien Highway, Departement of Transportation, Box R, Juneau, Alaska 99811. Pro Person etwas über 100 Dollar, das Motorrad fährt gratis mit, wenn man ein bißchen handelt und es selber irgendwo in einer Ecke verstaut.

Der Yellowhead Highway 16 zwischen Prince Rupert und Prince George ist zwar ganz nett für Motorradfahrer, doch landschaftlich bietet diese Straße relativ wenig. Hier verpaßt man wenig, wenn man die Gashand eine Weile stehen läßt, was ich dann auch fleißig tat. Obwohl ich immer wieder anhielt, auch ein ausgiebiges Frühstück inklusive einem saftigen Steak genoß, hatte ich am späte-

ren Nachmittag das 733 Kilometer von Prince Rupert entfernte Prince George schon erreicht - zum Glück gab es so wenig Polizei auf dieser Strecke.

Daß ich so schnell unterwegs war, mag der wahre Abenteurer und Genießer zwar ein wenig befremdlich finden, weil ich mir nicht die Ruhe nahm, die vielfältige Landschaft zu bewundern, aber mir machte halt zu jeder Zeit auch das Motorradfahren Spaß, es war für mich ein absolutes Vergnügen, meine Yamaha mal kräftig durch die vielen Kurven zu prügeln. Dazu kommt noch etwas: Kanada mag zwar wunderschön sein, besonders mag auch British Colombia seine Reize haben, aber irgendwann hat man die sich ewig wiederholenden Wälder und Seen auch gesehen. Meine Zeit wollte ich mir lieber

Und es lacht das Herz: Kanada erinnert oft an die Heimat.

Das Fraser-Valley: Schöner als der Grand Canyon.

für den, mir eh viel sympathischeren Süden aufsparen.

Da mir Prince George, eine Industriestadt, in der vor allem Holz und Schwermetall verarbeitet wird, nicht ausnehmend gut gefiel, setzte ich noch ein paar Kilometer drauf und übernachtete erst in einem kleinen Dorf namens Hixon am Cariboo Highway 97, der mich nach Vancouver führen sollte.

In dieser Nacht im unendlich kalten Hixon weckte mich ein seltsames Geräusch. Macht sich da jemand an meinem Motorrad zu schaffen, war mein erster Gedanke. Oder sollten das jetzt die Bären sein, die ich bisher verpaßt hatte? Die Entscheidung zwischen Dieben und Bären fiel mir nicht ausgesprochen leicht, aber ich wagte trotzdem einen Blick vor die Tür.

Weder noch, zum Glück war es bloß eine Katze, der es draußen auch zu kalt gewesen war und die Einlaß in mein Zimmer begehrte.

Der nächste Tag auf den kanadischen Highways war zwar strahlend schön, aber bitterkalt. Doch dafür wärmte mir jetzt die Landschaft das Herz. Gemütlich zuckelte ich durch das wilde Fraser Valley, das noch bedeutend eindrucksvoller ist als der viel berühmtere Grand Canyon, aber den kleinen Nachteil hat, daß es touristisch eher uninteressant ist, weil die Kanadier einen wunderschönen Highway mitten durch das gewaltige Tal bauten. Ein Halt mitten im Fraser Valley lohnt sich aber auf jeden Fall: Von dort führt eine sündhaft teure Seilbahn hinunter in den Canyon, wo sich der reißende Fraser River schäumend seinen Weg durch die fast schwarzen Felsen sucht. Das ist vor allem deshalb so eindrucksvoll, weil die Seitenwände so steil und so hoch ansteigen, daß man das Tageslicht nicht mehr sieht. Am Abend campierte ich am Lake of the Woods, nördlich der Stadt Hope. Ein gemütlicher Flecken, dieser Waldsee, mit einem guten Restaurant. Als ich noch einen kleinen Schlummertrunk bestellen wollte, bot mir die Chefin, die ich vorher noch nicht gesehen hatte, im allerschönsten Schwäbisch einen hausgebrannten Kirsch an. Wie klein doch die Welt ist!

Vancouver ⑤

Eine der schönsten Städte von ganz Nordamerika, sehr freundliches Klima, gutes Klima - und ein großartiges Nachtleben. Wer Zeit und Lust hat, sollte unbedingt die Umgebung erkunden, vor allem die Vancouver Islands.
Hotels: Von der 1000-Dollar-Suite bis zur 10-Dollar-Abstiege ist so ziemlich alles zu finden, was man sich nur vorstellen kann.
Beim Übernachten gilt für die USA und Kanada allgemein: Günstig sind die Hotel Six (rund 30 Dollar pro Nacht), etwas besser und komfortabler Travelloge (ca. 70 Dollar pro Nacht).

Das kleine Stückchen bis nach Vancouver am nächsten Morgen ging dann locker. Doch die Stadt, die mir von verschiedenen Seiten als sehr hübsch und freundlich empfohlen worden war, empfing mich sehr ungastlich: Mit Regen. Na ja, das hätte beim besten Willen nicht sein müssen, vor allem auch deshalb, weil ich mich auch noch heftig und nicht zum letzten Mal auf dieser Reise über die Schweizer Botschaft ärgern muß. Ich hatte meine verlorengegangene Visa-Karte per Kurier auf das Konsulat bestellt, doch, na ja, zum Thema Botschaften werde ich weiter unten noch einige Worte verlieren.
Ich ließ mir meine Laune von einer dieser Schreibmaschinen-Schicksen aber nicht vermiesen

Grünes Vancouver.

Viel Flora, kaum Fauna: Wo gibt es hier Bären zu sehen?

und erkundete die in einem natürlichen Hafen liegende Stadt, in der es sich trotz ihrer Größe - Vancouver hat mehr als eine Million Einwohner - wirklich sehr angenehm leben läßt. Dutzende von Straßencafés laden zu einer Pause ein, das Klima ist freundlich, die Leute auch.

Vor allem das Nachtleben hat es in sich: Nach dem Essen in einem guten, aber nicht teuren Restaurant fand ich einige anständige Bars, um danach noch in einige Jazz-Clubs einen Blick zu werfen und schließlich in einer Art Disco mit dem schönen Namen «Luvafair» die Nacht mit dem Morgen zu verbinden. Motorradfahren ist schön, viel Natur auch, aber zwischendurch brauchte ich die Abwechslung einer Großstadt. Es ist wie immer im Leben die richtige Mischung, die erstrebenswert ist.

Mensch dritter Klasse

Vielleicht sehe ich mit meinen langen Haaren und meinem meist wöchigen Bart nicht ganz so aus, wie sich Frau Direktor den Schwiegersohn für ihre einzige Tochter wünschen würde. Auch trage ich kein weißes Hemd, und den Schlips habe ich gar nicht erst mitgenommen nach Südamerika, weil man dort mit der Hundeleine am Hals ganz unanständig schwitzt. Aber «immerhin» habe ich ein rotes Büchlein mit einem weißen Kreuz in der Hand, das ich einer Dame hinter einer dicken, schalldichten Glastür der Schweizer Botschaft in Kolumbien seit einigen Minuten verzweifelt zu zeigen versuche. Endlich, ich will schon fast wieder gehen, bemüht sie sich zur Gegensprechanlage: «Was wollen Sie?» fragt sie mich auf spanisch. Ich versuche zu scherzen und antworte im schönsten Schweizerdeutsch mit meinem charmantesten Lächeln: «Hinein!». Ruhe. Dann, nach einigen Sekunden: «Und wie ist ihr Name?» «Peter Ruch. Kennen sie mich vielleicht?» Wieder Ruhe. Dann wieder auf spanisch: «Und was wollen sie?» Langsam wird es mir zu doof: «Wenn sie vielleicht die Freundlichkeit hätten, mich einzulassen, denn ich würde gerne meine Post abholen, und ich hätte außerdem noch ein paar Fragen.» Mit leidender Miene öffnet sie die Tür. Und sofort greift sich der ko-lumbianische Portier, der bisher nur dumm glotzend dagestanden hat, ohne ein Wort meinen Rucksack und steckt seine Nase in meine Angelegenheiten.

Dann fragt mich eine kolumbianische Angestellte, nachdem sie in aller Ruhe ihren Kaffee ausgetrunken hat, durch eine mindestens vier Zentimeter dicke Panzerglasscheibe, was ich denn hier zu suchen habe. Da muß ich mich umschauen - wirklich, sie meint mich, es ist sonst niemand mehr anwesend. Ich erkläre ihr zuerst in breitestem Schweizerdeutsch, dann in einwandfreiem Französisch und schließlich auch noch auf italienisch - spanisch wäre auch kein Problem, aber schließlich bin ich ein Schweizer auf einer Schweizer Botschaft -, daß ich meine Post abholen möchte und zudem noch gerne Auskunft auf einige Fragen von einer kompetenten Person hätte. Die junge Dame starrt mich an, als ob ich drei Köpfe hätte und mindestens vom Mond komme.

Ich hätte locker eine Zigarette rauchen können (eine Chesterfield vielleicht - aber Rauchen ist ja verboten auf den Schweizer Botschaften), bis endlich ein mittelalterliches Fräulein auftaucht und sich als deutschsprechende Angestellte zu erkennen gibt. Die Post erhalte ich ohne weiteren Widerspruch, doch als ich sie nach den Bedingungen für eine kolumbianische Niederlassungsbewilligung frage, ist die Dame mit ihrem Latein und erst recht Deutsch am Ende. Sie verschwindet irgendwo, kommt nach geschlagenen fünf Minuten wieder zurück und erklärt mit einem süffisanten Lächeln: «Für sie wäre es wohl am einfachsten, wenn sie eine Kolumbianerin heiraten würden.» Ich glaube, mich verhört zu haben. Nicht, daß ich etwas dagegen gehabt hätte, eine der vielen hübschen Kolumbianerinnen zu heiraten, aber der Ton, die Wortwahl des Mittelalters hinter der schußicheren Glaswand, das ist doch wohl eine bodenlose Frechheit. «Ach ja?» wage ich meinen Mund wieder zu öffnen, «bestehen vielleicht noch andere Möglichkeiten?» «Ja, sollten sie Student sein, so können sie sich an der Universität einschreiben.» Nun, ich habe immerhin schon eine Universität von innen gesehen - während Madame wohl kaum weiß, wie man das Wort schreibt. «Und weiter?», hake ich nach. «Vielleicht besteht die Möglichkeit, daß ihnen jemand in Kolumbien einen Arbeitsvertrag ausstellt.» Und dann der Gipfel: «Was ich aber nicht glaube…»

Um mich zu beruhigen, versuche ich ihr mein Ansinnen genauer zu erklären. «Ich werde den Herrn Botschafter fragen müßen, was man da machen muß», säuselt sie darauf. Als sie nach weiteren fünf Minuten wieder zurückkommt, bringt sie seine Exzellenz mit, die sich allerdings nicht dazu herabläßt, mir die Situation selber zu erklären - er setzt sich auf die Tischkante, schlürft ebenfalls einen Kaffee und starrt mich durch die sympathische Glaswand an. Die Dame erklärt mir dann unter Aufsicht ihres Herrn und Gebieters, daß die Schweizer Botschaft keine Erfahrung habe in solchen Dingen und sich zuerst erkundigen müsse: «Aber das braucht schon seine Zeit.»

Also versuche ich, mein zweites Anliegen vorzubringen: Ich benötige einen Brief der Schweizer Botschaft, der bestätigt, daß ich nicht beabsichtige, mein Motorrad zu verkaufen. Ecuador verlangt eine solche Bestätigung, in Chile und Argentinien, meinen weiteren Reisezielen, wird der Grenzübertritt damit erheblich erleichtert. Das Panzerglas-Fräulein wendet sich verwirrt mit meinem Anliegen an den Herrn mit dem grauen Anzug, den grauen Haaren und der fürchterlichen braunen Krawatte, der noch immer auf der Tischkante sitzt, seinen Kaffee schlürft, mich anstarrt - und mit Bestimmtheit jedes Wort verstanden hat. Die beiden Angestellten - meine Angestellten, schließlich bezahle ich ja Steuern - tuscheln miteinander, dann kommt das Fräulein zurück. «So etwas können wir nicht machen - wir wissen ja nicht, ob sie ihr

Motorrad nicht tatsächlich verkaufen», blökt sie durch das Glas. Mit den nicht gerade freundlichsten Worten mache ich dem Waschweib - und ihrem Stück Seife auf der Tischkante - klar, was eigentlich ihre Aufgabe wäre als Vertretung der Schweiz im Ausland. Sicher, da sind die absolut wichtigen internationalen Beziehungen - doch meiner bescheidenen Meinung nach können wir unsere Steuergelder auch anders verschwenden als mit Cocktailparties. Und etwas anderes machen die Angestellten der Schweizer Botschaft, zumindest in den meisten von mir bereisten Ländern, nicht - der Schweizer, der im Ausland Hilfe braucht, kann auch gleich mit der nächsten Straßenlaterne reden, er wird diese Hilfe in der Vertretung seiner Heimat sicher nicht finden.

Schon früher hatte mich der Herr Botschafter der Schweiz in Kolumbien einmal schmählich im Stich gelassen. Damals war ich unberechtigterweise des illegalen Grenzübertritts beschuldigt worden - und Seine Exzellenz tat keinen Strich, um mich vor der drohenden Ausweisung zu retten. «Das liegt nicht in meiner Kompetenz. Und überhaupt sind sie wohl selber schuld, daß es soweit kommen mußte», erklärte er, ganz Schleimsack. Einige kolumbianische Freunde konnten mich damals aus dem Schlamaßel retten - und das

ganz ohne die offiziellen Titel, die normalerweise in Südamerika Tür und Tor öffnen.

Noch andere Beispiele gefällig? Ich hatte einst in Alaska meine Kreditkarte verloren, Ersatz sollte mir auf das Konsulat in Vancouver geliefert werden. Die Sekretärin dort weigerte sich aber wiederholt, dem Kurier die Entgegennahme des Couverts zu unterschreiben. Das Couverts war groß mit dem Namen der Kreditkartenfirma bedruckt - und was könnte wohl in einem solchen Couvert drin sein? Und wie beschissen kann es einem Reisenden ohne seine Kreditkarte gehen? Das ebenfalls mittelalterliche Fräulein auf dem Schweizer Konsulat in Vancouver wollte auf diese Fragen gar nicht erst eingehen, denn, so ihre Argumentation, ein anständiger Mensch hat eine Adresse, an die solche Couverts geliefert werden können. Die Geschichte mit der Kreditkarte wiederholte sich in der genau gleichen Form auch auf dem Schweizer Konsulat in San Francisco. Zufällig war ich dort aber gerade anwesend, als sich einer der vielen Angestellten weigern wollte, dem Kurier die Unterschrift zu leisten. Eigentlich liebe ich solche Situationen. Dann kann man diese staatlich besoldeten Götter auch einmal in eine Diskussion einbeziehen, in der sie allerdings meist nicht viel zu sagen haben. Doch wer nicht denkt, der soll auch nicht reden.

Die drei Tage, die ich in und um Vancouver verbringe, tun aber nicht nur mir selber, sondern auch meiner Yamaha gut. Anstandslos hatte sie die bisherigen rund 4000 Kilometer abgespult, ich mußte nur Benzin nachfüllen und das Öl kontrollieren. Sogar mein Hintern hat sich mittlerweile an die harte Sitzbank gewöhnt.

Jeder kann sich irren: Manch eine Abkürzung war gar keine.

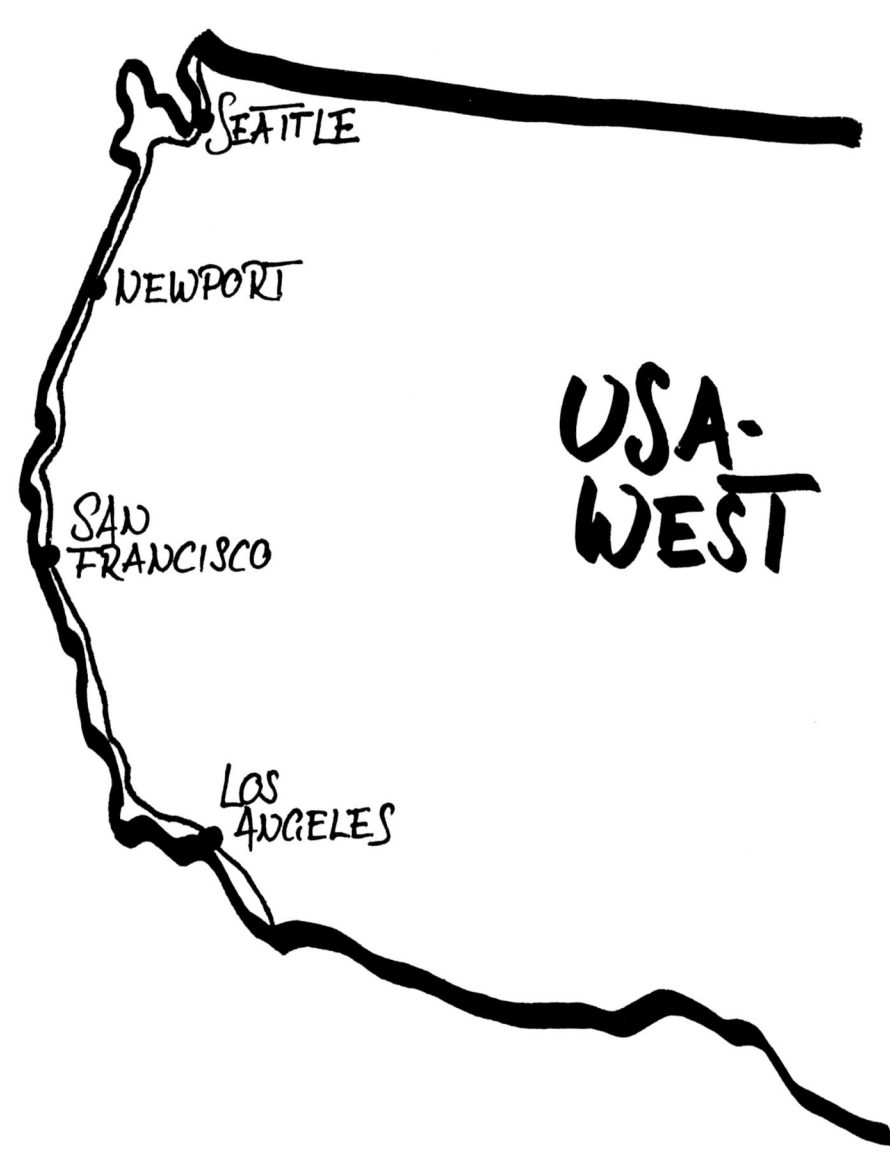

SEATTLE

NEWPORT

SAN FRANCISCO

USA·WEST

LOS ANGELES

Schnell weg hier

Daß ich nicht unbedingt der Typ bin, der nur die Einsamkeit und die Natur sucht, das sollte man mittlerweile gemerkt haben. Doch irgendwo gibt es Grenzen - und die hatte ich in den USA schnell erreicht. Das liegt nicht nur am durchschnittlich miserablen Essen, auch nicht an der Oberflächlichkeit der Amerikaner - irgendwie mag ich die USA einfach nicht. Selbstverständlich ist das Land sehr schön, doch es vermochte mich in keiner Weise zu fesseln. Ich möchte auch niemanden verärgern, der die Erfüllung all seiner Lebensträume im sonnigen Kalifornien sucht - ich selber würde sie auf keinen Fall finden. Als

Motorradfahrer muß ich den Vereinigten Staaten aber ein sehr gutes Zeugnis ausstellen: Die Straßen sind perfekt, die Wegweiser hilfreich und das Verkehrsverhalten der Amerikaner in jeder Beziehung vorbildlich.

Von Vancouver fuhr ich im strömenden Regen nach Seattle. An der Grenze durfte ich zum ersten Mal das wirklich zermürbende Prozedere des Wartens auf die verschiedensten Stempel mitmachen - mühsam vor allem deshalb, weil noch kein Mensch hier jemals etwas von meinem Carnet ATA gehört zu haben schien. Nach zwei Stunden war ich dann soweit, daß ich den Herren diktierte, wo sie

Die Küste von Oregon macht Lust auf mehr.

Ein Mann und sein Motorrad - mehr als nur eine Beziehung.

ihre Unterschrift und ihre Stempel hinzusetzen hatten. Doch Seattle entschädigte mich dann wieder für diese kleinere Aufregung. Die große, an einen Hang gebaute Hafenstadt hat durchaus ihren Reiz - nur schon was hier abends an Livemusik geboten wird, ist allein einen Abstecher wert. Und dann wäre da die Aussicht, der Hafen, das ganz nette Leben allgemein. Noch etwas macht einen Halt in Seattle sinnvoll: Wer seine Camping-Ausrüstung noch komplettieren will, der findet bei Rey das absolute Paradies.

Seattle

Seattle ist im Kommen - denn Seattle bietet wohl das interessanteste Kulturangebot der ganzen USA. Und auch sonst läßt sich in der Wasserstadt sehr gut leben, so daß sich ein längerer Halt sicher lohnt.

Touristen-Information: 1815 7th Avenue. Hotel-Tips: University Motor Inn (4140 Roosevelt Way N.E., weniger als 40 Dollar), Mayflower Park (4th Avenue mit Olive Street, zentral), Inn at the Market (86 Pine Street).

Trotzdem machte ich mich schon früh am nächsten Morgen wieder auf den Weg, weil mir ein paar Trucker gesagt hatten, daß das Wetter im Süden besser sein soll. Irgendwo nach Portland verpaßte ich eine Abzweigung und fuhr dann einfach der Nase nach in Richtung Küste - ein Umweg, sicher, doch einer der sich lohnte. Denn die Landschaft war wieder einmal hinreißend, vielleicht nicht mehr so urtümlich wie in Kanada und Alaska, doch dafür bedeutend abwechslungsreicher.

Aber es gibt noch eine Steigerung: Der Highway 101, der völlig zu Recht als eine der schönsten Straßen der Welt bezeichnet wird. Er verläuft hoch über den Wellen des Pazifik, immer der Küste entlang, mit traumhaften Kurven und noch viel schöneren Ausblicken. Ich verstehe die vielen älteren Amerikaner, die sich hier am Strand in oft wilden Konstruktionen niederließen oder ihren Lebensabend in gewaltig großen Wohnmobilen verbringen. Über den Retortenhafen Newport, wo ich ein paar Stunden die schnittigen Jachten bewunderte, fuhr ich schön gemächlich in Richtung Süden, bezog irgendwo ein kleines Hotel am Strand, genoß den Sonnenuntergang und die Ruhe des Herbstes in Oregon. Am nächsten Morgen tauchte dichter Nebel das Gebiet in ein unwirkliches Licht - hier gefiel es mir, hier war Amerika noch einfach schön. Sanft ge-

neigte grüne Wiesen, die plötzlich abrupt über steile Klippen ins noch saubere Meer abfallen - eigentlich wollte ich überall anhalten, um Photos zu machen. Doch das ist gar nicht nötig, es kommt mit Garantie eine Bucht, die noch schöner ist als die zuletzt gesehene, es kommt sicher noch eine Klippe, die noch wilder vom Meer umspült wird als die vor der letzten Kurve. Die Bundesstaaten Washington und vor allem Oregon sind zu Recht stolz auf ihre vielen Parks und Recreation Areas. Die meisten laden zum Verweilen ein, sind gut gepflegt und bieten auch interessante Informationsmöglichkeiten über die Gegend an. Wer zum Beispiel südlich von Newport auf einen Wegweiser zu den «Oregon Dunes» stößt, der sollte unbedingt einen Halt einlegen -

Blinder Passagier!

Von der Sonne verwöhnt, von Meere umspült - der Highway Nr. 1.

er kann dort nicht nur eine wunderschöne Landschaft genießen, sondern erfährt auch einiges über die einheimische Fauna und Flora. In Newport selber sollte man unbedingt die überall angebotene Clam Chowder (Muschelsuppe) probieren.

Auch der Norden Kaliforniens hat noch seine Reize, sobald aber die Straße nach Eureka ins Landesinnere abbiegt, gefiel es mir nicht mehr so gut. Wer zügig unterwegs ist, muß aufpaßen, daß er die Abfahrt vom Highway 101 auf den Highway 1 kurz nach Leggett nicht verpaßt, sonst rollt er einfach auf einer langweiligen Autobahn in Richtung San Francisco. Der Highway 1 ist auch nicht das, was immer von ihm behauptet wird, die Landschaft ist zwar schön, aber man fährt auch dauernd durch irgendwelche Dörfer, in denen die neureichen Kalifornier ihre Ferienhäuser aufgestellt haben, die sie vielleicht zweimal im Jahr bewohnen. Ich übernachtete noch einmal in der Nähe von Fields Landing am Strand, bevor ich mich ins Getümmel von San Francisco wagte.

Das heißt, nach Frisco wagte ich mich erst einmal nicht, ich fuhr direkt nach Berkeley, wo ein alter Freund von mir aus der Schweiz gerade studierte. Ich quartierte mich bei ihm ein, erkundete ein wenig die Universität und die dazu gehörende Stadt. Dann genoß ich im «Café Strada», einem italienischen Gartenrestaurant, den ersten richtigen Kaffee seit Wochen - und konnte noch aus bester Warte die promenierenden Studenten und vor allem Studentinnen beobachten. Das Strada war danach für eine ganze Woche meine Basis - ich kaufte mir einige Zeitungen, setzte mich für ein paar Stunden bei Kaffee und Gebäck nieder, und ließ die Welt an mir vorbeiziehen. Die Abende und vor allem Nächte verbrachten Vito und ich auf den diversen Parties der Studenten, manchmal fuhren wir auch in Vitos altem Pontiac rüber nach Frisco, um uns ins Nachtleben zu stürzen. Einmal, ich setzte mit dem Straßenkreuzer gerade zum rückwärts Einparken an, schnappte uns ein kleiner Japaner die Parklücke weg. Ich stieg im vollen Vertrauen auf meine durchtrainierten 85 Kilo und 1,89 Meter Länge aus, um dem Typen mal kräftig die Meinung zu sagen. Doch der Typ im Kleinstwagen war schwarz wie die Nacht, groß wie ein Wolkenkratzer und wohl auch stark wie ein Bulldozer. Er lächelte mich nur an: «Hey man, you better go out of my face, man.» Dagegen konnte ich nur wenig einwenden - und suchte einfach einen anderen Parkplatz.

Sinnbild für einen Lebensstil: Die Golden-Gate-Bridge.

Warum die USA nicht mehr Nr.1 sein kann

Zum Glück habe ich sie kennengelernt. Barbara ist nicht nur groß, blond und sehr, sehr hübsch, sie scheint auch intelligent zu sein - immerhin studiert sie in Berkeley, sicher nicht der schlechtesten amerikanischen Universität, Literatur. Sie enttäuscht mich denn auch nicht, als ich sie zum Nachtessen in einem der besseren Restaurants abhole: Barbara trägt keine dieser unmöglichen Sneakers - man stelle sich die chemische Potenz dieser Geheimwaffe vor, wenn 240 Millionen Amerikaner ihre geliebten Turnschuhe auf einmal ausziehen würden -, sie trägt unter ihrem luftigen Kleidchen auch keinen dieser unmöglichen BHs, die hier in den Vereinigten Staaten Pflicht zu sein scheinen für alle weiblichen Wesen, die älter als drei Monate sind. Und sie enttäuscht mich auch nicht, als ich das Essen bestelle: Barbara ist weder Vegetarierin, wie sich das für eine echte Kalifornierin gehört, sie frißt auch keinen Hamburger, wie sich das für eine echte Kalifornierin ebenfalls gehört - sie läßt ganz einfach mich die Auswahl treffen, wie sich das für eine wohlerzogene junge Dame gehört. Nachdem ich ihr zwischen Suppe und Salat den Unterschied zwischen Schweden und der Schweiz erklärt habe - ein Vorurteil gegenüber den ungebildeten Amerikanern, ich weiß, aber immer und immer wieder bestätigt

- presche ich mit Gewalt auf das Thema vor, das Barbara eigentlich liegen sollte - die amerikanische Literatur.
Ich verspreche mir einen interessanten Abend mit leicht intellektuellem Smalltalk, als ich ihr erkläre, daß Hemingway total überschätzt wird und nur ein von den Kritikern hochgepuschtes, versoffenes Macho-Schwein gewesen sei. Aber meine hübsche Begleiterin schüttelt den Kopf. Nicht, daß sie nicht mit mir einig gewesen wäre - «ich kann das nicht beurteilen, ich habe noch nie etwas von Hemingway gelesen», meint sie kurz vor der Hauptspeise. Meine Achtung vor der Studentin der amerikanischen Literatur steigt: sie ist anscheinend nicht nur groß, blond und sehr, sehr hübsch, sie läßt sich auch nicht von der Werbung beeinflussen. Sie scheint sich in ihren Studien auf die wesentlichen Autoren zu konzentrieren, sofern es außer Tom Wolfe oder Kurt Vonnegut überhaupt amerikanische Schriftsteller gibt, die man als wesentlich bezeichnen könnte. Also spreche ich sie auf Steinbeck, auf den Einfluß von Faulkner gerade auf die lateinamerikanische Literatur an, erwähne Wolfe als Vorkämpfer für den «New Journalism» und Vonnegut als den im europäisch-klassischen Sinn gebildeten Schreiber. Barbara, sie ist immerhin 22, lächelt mich an und schüttelt den Kopf: «Ent-

Auf Sand gebaut: Außer Amerika gibt es für Amerikaner nichts.

schuldige, ich habe von diesen Leuten zwar schon gehört, aber solche Dinge liest man bei uns auf der High School nicht.» Mein Gott, was liest man denn auf der High School - etwa Winnie the Pooh? Barbara, die große, blonde und sehr, sehr hübsche Studentin der amerikanischen Literatur scheint sich nicht an ihrem halben Analphabetentum zu stören. Sie distanziert mich dafür am nächsten Tag beim Schwimmen um Längen, beim Squash sehe ich so alt aus, wie ich es wohl nie werden werde - und das scheint ihr vollauf zu genügen. Als Antwort auf meine dummen Witze über vergangene und vergängliche amerikanische Präsidenten, prügelt sie mir eine Vorhand auf den Court, gegen die meine ganze humanistische Bil-

dung nichts ausrichten kann. Und ihr süßes Lächeln ist eh mehr wert als alle Vonneguts, Wolfes, Faulkners und Steinbecks zusammen. Am Abend sitzen wir dann gemeinsam vor ihrem Fernseher, als eine dieser traurigen amerikanischen Filmschnulzen wie üblich von der Werbung unterbrochen wird. «The learning channel» nennt sich das nationale Fernsehnetz, das gerade mit einfachen, verständlichen Bildern für sich wirbt: «Amerika ist nicht mehr die Nummer Eins der Welt, weil die Japaner und Europäer viel mehr für ihre Bildung tun. Lernen Sie jetzt mit «The learnig channel» alles über fremde Kulturen, Geograhie und Sprachen. Nur so können wir unsere Position an der Spitze wieder erreichen.» Ich wage es zu bezweifeln.

Doch sonst hat San Francisco durchaus seinen Reiz. Wunderschön auf einer Halbinsel gelegen, bietet die Stadt einige interessante Sehenswürdigkeiten wie Chinatown, die Golden Gate oder die Oakland Bridge, die Fisherman's Wharft mit ihren Straßenkünstlern, die hübschen Häuser im viktorianischen Stil, aber auch die Straßen, die zum Teil unvorstellbar steil über die vielen Hügel verlaufen.

Das berühmte Gefängnis von Alcatraz hätte ich auch beinahe von innen zu sehen bekommen, weil ich wie üblich zu schnell fuhr und ausnahmsweise einmal erwischt wurde. Obwohl es mir überraschend gut gefiel in Frisco und ich hier von der eigentlich sehr freundlichen Schweizer Botschaft auch endlich meine sehr vermißte Visa-Card erhielt, fuhr ich nach einer Woche weiter in Richtung Los Angeles, denn meine Yamaha hatte dort einen Termin: Sie sollte beim amerikanischen Importeur einen Service und einen neuen Hinterreifen erhalten.

San Francisco

Für eine amerikanische Großstadt überraschend angenehm - und den besten Überblick erhält man, wenn man den 43 Meilen langen Scenic Drive (mit einer Möwe gekennzeichnet) abfährt. Aber aufgepaßt: Wer zu lange in San Francisco bleibt und sich von seinem Charme einwickeln läßt, der kommt fast nicht mehr los. Touristen-Information: 1390 Market Street. Tips für Hotels: Grand Hotel (753 Grand Street, mit 40 Dollar sehr günstig), Stanyan Park Hotel (750 Stanyan Street, gemütlich, rund 70 Dollar), Red Victorian (1665 Haight Street, günstige Preise, wenn man länger bleibt). Ausflüge: Natürlich das Napa Valley, das große und landschaftlich beeindruckende Weinbaugebiet im Nordosten, natürlich der Yosemite National Park (ca. 200 Kilometer südöstlich von Frisco), der zwar schön ist, aber auch von Touristen geradezu überflutet.

Ist es noch weit?

San Francisco mit Sonne und Meer - was will man mehr?

Vorbei an was früher Santa Clara County und heute Silicon Valley heißt, bog ich in der Hoffnung auf eine wiederum interessante Straße wieder auf den Highway 1 ein. Der Weg war auch ganz nett, obwohl man mit dem Motorrad den 17-Mile-Drive in der Nähe von Monterey nicht befahren darf. Ich fuhr wieder der Küste entlang, das Wetter war traumhaft, und in Big Sur sowie San Simeon sah ich mir die Museen an, die für Henry Miller und den Medienzar William R. Hearst eingerichtet worden waren. Vor allem das Schloß, das sich Hearst in San Simeon eingerichtet hatte, ist durchaus einen Blick wert. Die dort aufbewahrte Kunstsammlung, die sich der in Orson Welles' Film «Citizen Kane» verewigte Hearst zusammengekauft hatte, macht heute noch manches berühmte Museum neidisch. Ohne daß ich es bemerkte, kam ich in Los Angeles an: Ich fuhr schon seit dem rund 100 Kilometer entfernten Santa Barbara nur noch auf Stadtgebiet.

Los Angeles war gar nicht nach meinem Geschmack: Die Stadt mit ihren rund zehn Millionen Einwohnern ist mir einfach zu groß, vor lauter Smog sieht man nicht einmal die nur zehn Kilometer von der Küste entfernten Berge. Aber wenigstens war die Crew des amerikanischen Yamaha-Importeurs sehr nett: Paul konnte mir zwar nicht weiterhelfen, weil die Superténéré in den Vereinigten Staaten nicht offiziell verkauft wird, doch er organisierte mir einen Termin beim ehemaligen Motocross-Star Malcolm Smith, der im 60 Meilen entfernten Riverside ein kleines Geschäfts-Paradies für jeden Motorradfahrer führt und die XVZ 750 selber aus Japan importiert. Dorthin wagte ich mich nach einer in der Nähe von Disney-Land in einem schmuddeligen Hotel verbrachten Nacht, dort erhielt meine Yamaha den Service, den sie nach fast 7000 harten Kilometern redlich verdient hatte. Die Ventile wurden nachgestellt, das Öl und der Hinterreifen (es kommt wieder der sehr empfehlenswerte Metzler Sahara 3 rauf) wurden gewechselt, die Bremsen entlüftet. Bei Malcolm traf ich auf auch den Franzosen Eric Peronnard, der jede gute Straße in Amerika und Mexiko kennt und hervorragende Tips für gute Trips geben kann. Nach einem längeren Schwatz mit den beiden Herren schwang ich mich wieder auf den Sattel, um noch am gleichen Tag über San Diego und Tijuana nach Mexiko zu donnern - drei Wochen in den USA, das war mehr als genug für mich.

Noch einmal ein schöner Blick über San Francisco.

Irgendwie drängte es die Superténéré rasant nach Süden.

Los Angeles

Einfach einmal gewaltig groß - und ein riesiger Parkplatz, denn der Verkehr ist kaum mehr zu bewältigen. Zu sehen gibt es sicher einiges, was ich mir allerdings erspart habe, denn die Luft war mir einfach zu schlecht. Touristen-Information: 515 S. Figuerosa Street mit verschiedenen Ablegern in der ganzen Stadt. Hotels gibt es zu Tausenden, einige Tips: Milner (813 S. Flower Street, unter 50 Dollar), Best Western (6141 Franklin Avenue, in der Nähe der Universal Studios), Biltmore (515 S. Olive Street, teuer, aber sehr angenehm).
Ausflüge: Natürlich das Death Valley, das rund 400 Kilometer nordöstlich von L.A. gelegen ist. Aber Vorsicht: Gerade im Hochsommer trägt das Tal seinen Namen völlig zu Recht - und Motorradfahren ist bei der ge-

waltigen Hitze wenig angenehm. Für Motorräder: Malcolm Smith Motorcycles, 7563 Indiana Avenue, Riverside, 92504 California, Tel: (714) 687-1300. Mit welcher Maschine man auch immer unterwegs ist, bei Malcolm Smith sollte man das Motorrad vor der Reise durch Lateinamerika noch einmal gründlich durchchecken lassen. Die Crew ist sehr hilfsbereit, macht vernünftige Preise und hat so ziemlich alle Ersatzteile am Lager, die man sich nur wünschen kann.
Desert only, Eric R.C. Peronnard, 72875 Park View Drive, Palm Desert, California 922260, Tel: (619) 341-2646. Eric ist der ideale Mann, wenn man einen Trip durch die USA oder Mexiko plant - er kennt jeden Winkel und zeigt einem gerne die schönsten Off-Road-Strecken. Außerdem verkauft er alles, was der Motorradfahrer in der Wüste brauchen könnte.

ENSANADA

LA PAZ   MAZATLAN

GUADALAJARA

HEXICO CITY

ACAPULCO

TAPACHULA

MEXIKO

Im Regen

Direkt nach der Grenze zu Mexiko, die ich ohne irgendwelchen Papierkram paßieren konnte, beginnt eine andere Welt - den Unterschied zwischen San Diego und Tijuana kann man sich größer nicht vorstellen. Im Norden die wohlgeordneten Vereinigten Staaten mit ihren gepflegten Straßen, wohlhabenden Menschen und freundlichen Hunden, im nur wenige Kilometer entfernten Süden die Dritte Welt mit ihrer beißenden Armut, den beißenden Gerüchen und dem ewigen Wunsch der Menschen, irgendwie in den reichen und ach so schönen Norden zu kommen. Tijuana selber kann man sich wirklich sparen, außer man will seine Nase beleidigen. Ich auf jeden Fall fuhr noch am gleichen Abend bis nach Ensanada, in dem zwar vor allem Gringos ihre Billigstferien verbringen, das aber doch noch einige ganz nette Hotels, Restaurants und auch kühles, mexikanisches Bier anzubieten hat. Ich ruhte mich noch einmal aus, denn am nächsten Tag rief mich die Baja California, eines der letzten Paradiese für Off-Road-Fans. Zuvor holte ich mir aber auf dem Zoll sicherheitshalber noch ein paar farbige Stempel - in Lateinamerika kann man gar nicht zuviel davon haben.

Noch immer problemlos: Die Yamaha machte ihre Sache gut.

Ensanada

Die Stadt lebt ausschließlich von den amerikanischen Touristen, die über das Wochenende schnell ins billige Mexiko fahren - was Ensanada nicht zum schönsten Ort der Welt macht.
Hotels: Das beste: Las Rosas Hotel (1,7 Kilometer westlich der Stadt, an der Hauptstraße). Das günstige: Perla del Pacifico (Avenida Miramar 229).

Eigentlich sollte man sich auf die Schotterpfade in der Baja nicht alleine wagen - die Distanzen zwischen den einzelnen Siedlungen sind riesig, und wenn etwas passiert, kann man stundenlang auf Hilfe warten. Auch sollten sich ungeübte Sand- und Schotterfahrer nicht unbedingt in diese langgezogene Wüste, die fast so groß ist wie Italien, begeben - der Weg bis Feuerland ist noch lang, und man sollte sich und das Motorrad zu diesem Zeitpunkt der Reise noch so wenig als möglich strapazieren. Ich erlaubte mir auch nicht, meine Lust auf Sand und Schotter voll auszuleben: Nur schon die Vorstellung eines Reifenschadens unter der Sonne der Baja California trieb mir den Schweiß in die Stirn. Doch auch die mehr oder weniger asphaltierte Hauptstraße hatte ihre Tücken: Ich donnerte gerade mit etwa 150 km/h zwischen den dreifingrigen Kakteen einher, setzte über einen kleinen Hügel - und mußte mit Schrecken sehen, daß dahinter ein etwa fünf Meter breiter und knietiefer Fluß die Straße querte. Zum Nachdenken war keine Zeit mehr, zum Bremsen erst recht nicht - aber irgendwie schaffte ich es, es war mir, als ob ich über das Wasser schwebte. Ich hielt an und zündete mir mit zittrigen Händen eine Zigarette an, eine Chesterfield selbst-

Schotter und Wasser - nicht gerade meine Traumstraße.

Nicht sehr freundlich: Der Mülleimer auf dem Friedhof.

verständlich: Erst zehn Minuten später hatte sich mein Herzschlag so weit beruhigt, daß ich weiterfahren konnte. Gegen Abend meines ersten Baja-Tages kam es dann noch schlimmer. Zuerst näßte mich ein zwar kurzes, aber sehr heftiges Gewitter bis auf die Knochen. Dann, kurz vor San Ignacio, wo mich ein gutes und günstiges Hotel erwartete, ein Stau - welch schöne Überraschung, mitten in der Wüste. Wieder rauchte ich zuerst eine Zigarette, um mich dann an der Kolonne vorbei nach vorne zu schieben. Wieder war es ein Fluß, der meinen Vorwärtsdrang stoppen wollte: Dunkelbraune Wassermaßen schäumten hüfthoch über die Straße. Einige Lastwagen saßen schon fest, ein Personenwagen war von der Strömung etwa zehn Meter abgetrieben worden und stak zwischen zwei riesigen Steinen. Das konnte ja heiter werden! Entweder schlug ich jetzt hier mein Zelt auf - oder ich versuchte rüberzukommen, obwohl mir alle Mexikaner davon abrieten. Für mich war es eigentlich eine einfache Entscheidung: Ich wußte, daß fünf Minuten hinter den Wasserfluten eine heiße Dusche, ein scharfes Chilli con carne und ein weiches Bett wartete. Also watete ich zuerst einmal zu Fuß durch den Fluß, trug dann meine Gepäck ans andere Ufer, sprach meiner Yamaha noch einmal gut zu - und fuhr vor den Augen mehrerer hundert gespannt wartender Mexikaner in die dunkle Brühe. Bis zur Mitte ging es problemlos, die Superténéré stand zwar bis über den Sattel im Wasser, doch es ging vorwärts. Dann verschluckte sie sich - sofort riß ich den Gashahn auf, denn wäre der Motor abgestorben, hätte ich das andere Ufer wohl nicht gesehen. Schließlich war es geschafft - unter dem tosenden Applaus der Zuschauer konnte ich das Ufer erklimmen. Die nächste Chesterfield hatte ich mir wohl verdient. Ich setzte mich auf einen Stein über dem Fluß und fragte mich, weshalb ich nur so wahnsinnig gewesen sein konnte, um hier an diesem beschissenen Fluß meine ganze Reise zu riskieren. Doch schon wenige Minuten später saß ich wieder auf meiner Yamaha und fuhr zum Hotel, wo ich mir zuerst eine heiße Dusche, dann ein gutes Essen und schließlich noch einen ausgiebigen Schlummertrunk gönnte. Am nächsten Morgen, ich stand etwas später auf als gewöhnlich, erzählte mir ein amerikanisches Ehepaar, das in einem Geländewagen unterwegs war, daß sie am frühen Morgen ebenfalls eine Überquerung des Flusses gewagt hatten, doch unverrichteter Dinge wieder hätten umkehren müssen.

San Ignacio

Kleines, heißes, aber sehr hübsches Dörfchen mitten in der Halbwüste.
Hotels: Das beste: La Pinta (an der Straße ins Zentrum). Das günstige: Cuartos Glenda (an der Hauptstraße). Der Tip: La Posada (im Zentrum).

Am nächsten Tag wagte ich mich gar nicht mehr von der Hauptstraße weg, gab mir doch schon der asphaltierte Weg genug zu tun. Immer wieder mußte ich Flüßchen durchqueren, immer wieder waren Umwege zu fahren, weil der Regen die ganze Straße

Ein ständiger Begleiter bis Feuerland: Das schlechte Wetter.

weggeschwemmt hatte. Doch dafür war die Landschaft traumhaft - je südlicher ich kam, desto faszinierender wurde die Baja California. Die dreifingrigen Kakteen, Joshua Trees genannt, zeigten mir den Weg, gewaltige Steinblöcke ließen die Gegend um La Paz so aussehen, als ob sich Riesen eine erbarmungslose Schlacht geliefert hätten. La Paz selber war dann nur mäßig interessant, obwohl ich einige Abenteuer erlebte. Nachdem ich mich in einem Hotel einquartiert hatte, wollte ich noch ein wenig das Nachtleben genießen. Doch bei einer Partie Billard wurde ein Einheimischer ziemlich aggressiv, weil ich ihm einige Dollar abgeknöpft hatte - als er dann sogar noch einige seiner Freunde zu Hilfe rufen wollte, mußte ich ihm ein wenig unsanft mit meiner mittlerweile ziemlich gestählten Gashand zur Vernunft bringen. Der Weg zurück ins Hotel brachte ich danach im gestreckten Galopp hinter mich.

La Paz

Schnell wachsende Stadt, die für ihre Sonnenuntergänge berühmt ist. Trotz vieler moderner Häuser hat La Paz noch seinen kolonialen Charme bewahren können.
Hotels: Das beste: Los Arcos (Paseo Alvaro Obregon 498). Das günstige: Posada San Miguel (Calle Belisario Dominguez Norte 45). Der Tip: Hospedaje Mareli (Aquiles Serdan 283).
Die Fähre nach Mazatlan fährt ab Pichilingüe, rund 20 Kilometer nördlich von La Paz. Buchen kann man auch in der Stadt (Ignacio Ramirez mit Ejido), doch es lohnt sich, direkt zum Hafen zu fahren, weil dort die letzten Plätze vergeben werden. Abfahrt nach Mazatlan täglich um 17 Uhr - allerdings sollte man spätestens um 14 Uhr da sein, weil man sonst vielleicht auch trotz eines bezahlten Tickets aus Platzmangel nicht mitfahren darf.

Joshua Tree: Finger Gottes.

Am nächsten Morgen fuhr ich früh zum Hafen, um mir einen Platz auf der Fähre nach Mazatlan zu sichern. Auf dem Rückweg gab es dann die nächsten Probleme: Ein Polizist hatte die Beherrschung über sein Motorrad verloren und lag bewußtlos und blutend mitten auf der Straße. Das schien die Mexikaner aber nicht weiter zu stören, auf jeden Fall hielt kein Mensch an, um sich um den Verletzten zu kümmern. Ich brachte den Mann zuerst in Sicherheit, legte ihn in den Schatten und raste zum nächsten Restaurant, um den Krankenwagen zu alarmieren. Der kam zum Glück sofort - die Sanitäter murmelten etwas von «kei-

ne Sekunde zu früh» und «vielen Dank» und «sieht schlimm aus». Als ich den Vorfall dem Hotelbesitzer erzählte, meinte der, daß niemand geholfen habe, weil die mexikanische Polizei die Helfer oft als die Unfallverursacher verdächtige, was zu einigen Komplikationen führen könne, besonders für Gringos…

Da ich mich auf zwei Rädern bedeutend wohler fühle als auf hoher See, war ich nicht unglücklich, daß ich auf der Fähre von La Paz zurück auf das mexikanische Festland zwei Schweizer traf, die noch bestens mit Tequila ausgestattet waren. Denn gegen die Seekrankheit helfen nur zwei Dinge:

Eine Katze, die bellt? Das gibt es nicht einmal in Mexiko.

Tiefschlaf oder viel Alkohol. Oder noch besser: Tiefschlaf nach viel Alkohol.

Am nächsten Morgen erreichte die Fähre Mazatlan, das ich noch kurz besichtigte, aber nicht als interessant genug empfand, um länger zu bleiben.

Mazatlan

Die Stadt, rund 1200 Kilometer südlich von Tijuana, ist berühmt für ihr ausgeglichenes Klima - und damit hat es sich dann auch schon. Immerhin gibt es einige ganz schöne Strände in der Nähe. Hotels: Der Tip: Las Brisas (Avenida del Mar).

Nach der Hafenstadt windet sich eine schöne Straße auf das Hochplateau, das den größten Teil von Mexiko ausmacht. Oben angekommen, empfing mich zuerst einmal eine fantastische Aussicht - und dann der Regen und die Kälte. Dieses miserable Wetter sollte mich bis nach Ecuador begleiten: Zwar hätte ich nach meinen Berechnungen die Regenzeit nicht mehr zu spüren bekommen sollen, doch ich war auf dem ersten Teil der Reise ganz einfach zu schnell unterwegs gewesen, und außerdem hatte die schlechte Jahreszeit in Mittelamerika stolze zwei Monate Verspätung. Im strömenden Regen erreichte ich das Städtchen Tepic, das mich aber die ganze Nacht nicht schlafen ließ, weil man ein Fest irgendeines Heiligen

feierte. Entweder konnte ich mich über den Lärm ärgern oder einfach mitmachen, wobei das für mich eigentlich gar keine Frage war, da ich schon immer eine Vorliebe für das mexikanische Essen und vor allem für das mexikanische Bier hatte…

Tepic

Hübsches Städtchen, in dem man viele Indios in ihren Trachten zu sehen bekommt. Außerdem gibt es fast jedes Wochenende einen ganz wichtigen Heiligen zu feiern - am liebsten mit viel Bier. Hotels: Das beste und Tip: San Jorge (Lerdo 124).

Nach Tepic bekam ich zum ersten Mal so richtig die Härte meiner Reise zu spüren. Zwar war die Landschaft weiterhin traumhaft schön, die Straßen und Sträßchen winden sich durch grünste Gegenden, die fast ein wenig Heimweh aufkommen lassen, die Städtchen im kolonialen Stil erfreuten mein Herz, das schon immer für Lateinamerika geschlagen hatte, doch ich hatte auch fürchterliches Kopfweh, was sowohl an der durchzechten letzten Nacht als auch an der ungewohnten mexikanischen Höhe liegen konnte. Und zum ersten Mal mochte meine Superténéré nicht mehr so recht - hier war sicher die Höhe und das miese mexikanische Benzin mit seinen knapp über 80 Oktan schuld.

Guadalajara

Die zweitgrößte Stadt Mexikos, die trotz ihrer Größe dank ihrem kolonialen Charakter sehr angenehm geblieben ist. Guadalajara ist berühmt für seine vielen Feste: Fast das ganze Jahr wird irgendeine Jungfrau oder ein anderer Heiliger mit Tanz, Stierkämpfen und Konzerten gefeiert.

Hotels: Das beste: Guadalajara-Sheraton (16 de Septiembre). Die günstigen: Continental, Morales (beide an der Calle Corona), Gonzalez (Gonzalez Ortega 77). Der Tip: Genova (Juarez 123).

Ausflug: Rund 60 Kilometer vor Guadalajara befindet sich ein Städtchen mit dem interessanten Namen Tequila. Das kommt nicht von ungefähr: Hier wird der Großteil des eher gefährlichen Getränks gebrannt und in alle Welt exportiert. Selbstverständlich kann man überall probieren - aber dummerweise nirgends übernachten...

Außerdem hatte ich eine ständigen Begleiter, der mir gar keine Freude machte: Das miserable Wetter. Die Temperaturen lagen knapp über dem Gefrierpunkt, und heftige Wolkenbrüche verwandelten mich immer wieder in ein nasses Häufchen Elend. Zum ersten Mal, nach knapp 10'000 Kilometern, fragte ich mich, was das

ganze Unternehmen eigentlich soll - es mußte doch noch andere Dinge geben im Leben, als jeden Tag auf dem Motorrad zu sitzen. Als ich nach Mitternacht endlich in meinem Tagesziel Patzcuaro ankam, hätte ich eigentlich am liebsten aufgegeben, doch dann fand ich am Ortsrand ein allerliebstes kleines Hotel, in dem mir der Besitzer auch zu dieser späten Stunde noch ein warmes Mahl servierte, und in meinem Zimmer, während ich den hervorragenden Fisch genoß, auch noch das Kaminfeuer entzündete. Als ich endlich in den abgrundtiefen Schlaf fiel, waren alle Unbilden des Tages schon wieder vergessen, und ich freute mich nur noch auf den nächsten Tag.

Keine lila Pause...

Die größte Stadt der Welt überrascht durch ihre Schönheit.

Patzcuaro

Eine der schönsten Städte von Mexiko, wunderbar an einem See gelegen. Am 1./2. November findet jeweils der Dia de los Meurtos (Allerheiligen) statt - eines der farbenfrohsten und interessantesten Feste von ganz Lateinamerika. Bloß findet man dann kein einziges Zimmer mehr.

Hotels: Das beste: Posada de Don Vasco (vom Zentrum in Richtung See). Die günstigen: Posada de la Salud (Benigno Serrato), Posada de la Rosa (Portal Juarez 29). Die Tips: Meson del Cortijo (Obregon), Mision Don Manuel (Portal Aldama 12).

Der brachte das gleiche Programm: Regen, Kälte und eine Ya-

maha, die kaum mehr wollte. Ich schaffte noch knapp 100 km/h, und sobald es etwas bergig wurde, verschluckte sich die Yamaha nur noch. Daß es an den verschmutzten Kerzen lag, das war mir auch klar, doch Mexico City lag nur noch einen halben Tag vor mir, und da gab es sicher die entsprechenden Ersatzteile - was sollte ich also das halbe Motorrad auseinandernehmen, dazu noch im strömenden Regen.

Mexico City, die wohl größte und sicher am schnellsten wachsende Stadt der Welt, ist ein Erlebnis für sich. Rund drei Stunden fuhr ich allein vom Stadtrand ins Zentrum, wo mir ein Hotel empfohlen worden war. Und welch Wunder - ich fand es trotz des gigantischen Verkehrschaos auf Anhieb. Irgendwie bin ich ich absolut beeindruckt von diesem Moloch von Stadt - es stinkt zwar, der Smog ließ mir die Augen tränen, der Verkehr und vor allem die mexikanischen Autofahrer sind mörderisch, doch Mexico City hat den ganz eigentümlichen Charme einer lateinamerikanischen Großtadt. Trotz aller Hektik sind die Einwohner freundlich und hilfsbereit, auch jederzeit zu einem Schwätzchen zu haben. «Einen Moment der absoluten Ruhe, das kann man nur hier in Mexiko City erleben», scherzte ein Taxifahrer, «es ist der Augenblick, die Hunderstelsekunde, nachdem die Ampel auf Grün gesprungen ist und bevor alle Autos zu hupen beginnen.» Schöner, besser und vor allem treffender kann man das Leben in Mexico City nicht beschreiben.

Der ewige Kolonialstil - und ein Fest gibt es immer zu feiern.

Mexico City

Was kann man schon sagen über die vielleicht größte Stadt der Welt? Sie kann sehr angenehm sein, wenn das Wetter gut ist (d.h. der Smog nicht zu stark) und man sich im richtigen Quartier befindet. Manch einem wird Mexico City nicht gefallen - mir schon.

Hotels: Die besten: Aristos (Paseo de la Reforma 276), Camino Real (Mariano Escobedo 700), Century (Liverpool 152). Die günstigen: Royalty (Jesus Teran 21), Concordia (Uruguay 13), Casa de Huespedes la Asturia (Uruguay 117). Die Tips: Bristol (Plaza Necaxa 17), Prim (Versalles 46).

Es ist auf jeden Fall empfehlenswert, die Stadt weitläufig zu erforschen, scheint doch in einigen Stadtteilen die Zeit noch stehengeblieben zu sein. Interessant auch Ausflüge nach Teotihuacan (45 km nordwestlich) mit einigen Ruinen, oder die Desierto de los Leones (25 km östlich von Mexico City), eine traumhaft schöne Landschaft (nicht am Wochenende, dann sieht man vor lauter Mexikanern die Bäume nicht mehr).

Vier Tage blieb ich in der mexikanischen Hauptstadt, ich erledigte meine Post, ich schenkte meiner Yamaha neue Kerzen, ich hatte Ärger mit der Polizei, weil sie mit meinem Schweizer Nummernschild gar nichts anfangen konnte und das Ding deshalb kurzzeitig beschlagnahmte. Doch hauptsächlich besichtigte ich die Stadt und lernte Leute kennen, die mir den Abschied schwerer als erwartet machten.

Trotzdem, ich wollte, ich mußte weiter - ich wollte endlich wieder an die Sonne und änderte deshalb meine Route. Im Rekordtempo hetzte ich nach Acapulco - für die 440 Kilometer brauchte ich etwas mehr als drei Stunden, doch das angebliche Tourismuswunder, das St. Tropez am Pazifik gefiel mir überhaupt nicht. Die eigentlich wunderschöne Bucht ist völlig verbaut mit riesigen Hotels und Wolkenkratzern, der Strand ist ziemlich dreckig und das Leben für Normalsterbliche zu teuer. Immerhin ist das Wetter angenehm warm, und meine Erkältung verzog sich schon nach wenigen Stunden an der Pazifikküste.

Acapulco

Das St. Tropez Lateinamerikas - nur viel, viel größer. Die Gegend wäre wunderschön, wenn nicht überall die schrecklichen Hotelwolkenkratzer stehen würden. Hotels: Das beste: Club Residencial Las Brisas (astronomische Preise, aber auch sensationeller Service - perfekt für Flitterwochen). Die günstigen: Mision (Felipe Valle 12), Casa Garcia (in der Nähe von Zocalo), San Francisco (Costera 219).

Von Acapulco aus fuhr ich bei schönstem Wetter der Küste entlang - und genau so hatte ich mir meine Reise vorgestellt. Gemächlich zuckelte ich unter Palmen am Meer entlang, stoppte hier, machte dort einen Halt, um ein wenig mit den Einheimischen zu plaudern oder mich im Schatten abzukühlen, trank einmal ein Bier, zweimal sprang mir eine Schlange auf die Straße, wobei sie wohl noch mehr erschrak als ich, einmal wollte mich ein wahnsinniger Busfahrer ermorden, der eine Kurve schnitt.

Das Leben erscheint lebenswert: Sonne, Meer und Dolce far niente.

Vom Essen in Lateinamerika

Zwei Dinge kann ich auf meinem Teller auf den Tod nicht ausstehen: Das Gewürz Koriander und Frijoles, Bohnen jeglicher Art. Das Problem dabei ist, daß von Mexiko bis Chile sowohl Koriander als auch Frijoles zu praktisch jeder Mahlzeit gehören.

Was das Essen betrifft, war ich schon immer sehr heikel: Das bedeutet aber in Lateinamerika den sicheren Hungertod. Denn die Latinos legen beim Kochen weder besonderen Wert auf die Hygiene, noch kümmern sie sich groß um die Frische der verwendeten Produkte - oft wird einfach alles, was der Koch gerade findet, zu einem Eintopf verarbeitet. Und Koriander und Frijoles findet der Koch mit Bestimmtheit immer.

Selbstverständlich kann man auch in Lateinamerika hervorragend essen - wenn man das Geld dafür hat. Es gibt überall sehr gute Restaurants, welche die weltweiten Standardmenus in einer Weise zubereiten, daß es daran gar nichts auszusetzen gibt. Gerade für Liebhaber eines saftigen Stücks Fleisch herrschen in ganz Südamerika traumhafte Zustände. Und entlang der Küsten kommt jeder Freund von Meeresfrüchten und Fischen voll auf seine Rechnung.

Doch wer ein Land, eine Region wirklich kennenlernen will, der muß das Abenteuer wagen und sich auf die lokalen Spezialitäten stür-

zen. Oft vielleicht besser mit geschlossenen Augen, denn manch eine Mahlzeit sieht nicht halb so lecker aus, wie sie dann schmeckt. Ich erinnere mich zum Beispiel mit Schrecken an den Eintopf, den ich vor vielen Jahren einmal im ecuadorianischen Otavalo bestellte: In einer Suppe von undefinierbarer Farbe schwammen neben Kartoffeln und Frijoles auch halbgekochte Schweineohren und Kuhaugen. Guten Appetit! Trotzdem - ein wenig Mut schadet auf keinen Fall und verhilft manchmal zu kulinarischen Genüssen, die man so schnell nicht wieder vergessen wird.

Auf die überall typischen Tortillas und Arepas sowie arroz con pollo (Reis mit Huhn), das von Mexiko bis Feuerland in den verschiedensten Varianten serviert wird, möchte ich in der folgenden Aufstellung nicht eingehen - es sollen nur wirkliche Spezialitäten genannt werden, die man auf jeden Fall probieren sollte.

In Mexiko kann es verdammt scharf werden - und zwar wirklich scharf, nicht einfach zuviel Chili, wie das bei der euromexikanischen Küche üblich ist. Etwas vom schönsten ist der rote Reis, der völlig unschuldig aussieht und zu Beginn auch so schmeckt - doch dann setzt ein Nachbrennen ein, von dem sich ein Gringo kaum mehr zu erholen mag. Doch normalerweise wird die Schärfe so eingesetzt, daß man den Geschmack des Essens nicht verliert. Die mexikanischen Spezialitäten variieren von Region zu Region. An den Küsten ist selbstverständlich Fisch angesagt - besonders huachinango (Red Snapper) und robalo (sehr fleischig) sind in ihren verschiedenen Versionen absolut empfehlenswert. Unbedingt probieren sollte man tamales, kleine, in Mais eingewickelte Häppchen, die in einem Bananenblatt serviert werden, oder guacamole, eine Art Avocadomus. Nicht zu vergessen das chili con carne, das es in Hunderten von Varianten gibt und das eine der billigsten Möglichkeiten ist, eine vollständige Mahlzeit zu genießen.

Bis nach Panama bietet die mittelamerikanische Küche eigentlich keine große Abwechslung - alles, was man in Mexiko kennt, wird unter anderen Namen auch in Guatemala, Honduras, Nicaragua, Costa Rica und Panama serviert. Interessant aber in Honduras der Süsswasserfisch, zum Beispiel am Lago Yojoa, der schlichtweg herrlich ist und immer mit in Essig eingelegten Zwiebeln serviert wird. Eine honduranische Spezialität ist auch sopa de mondongo (Kuttelsuppe), die aber kaum jedermanns Geschmack treffen dürfte. In Nicaragua wird auch aus Mangel an Fleisch oft Soja serviert. Costa Rica hat kulinarisch auch nicht sehr viel zu bieten außer verschiedenen Eintöpfen (olla de carne, der Wochenrückblick, oder sopa negra, mit

schwarzen Bohnen). In Panama ist man stolz auf carimañola, ein Yucamus, ropa vieja, eine Art Hamburger mit viel Knoblauch, Zwiebeln, Tomaten und grünem Pfeffer, und natürlich auf die vielen Meeresfrüchte und Fische, die wirklich absolut empfehlenswert sind.

In Kolumbien fährt man am besten, wenn man den plato del dia oder plato corriente (Tagesmenu) bestellt. Dann gibt es die verschiedenen regionalen Spezialitäten. Bogota ist berühmt für ajiaco (eine hervorragende Suppe) und sobre-barriga (Siedfleisch), in Medellin genießt man mazamorra (süße Maissuppe), im Cauca-Tal lechona (Schwein mit Kräutern), an der Küste riz de coco (Kokosreis), calabaza (Auflauf aus Eiern und Fisch). Wer wirklich süße Desserts liebt, sollte arequipe versuchen. Wegen des Essens fährt man bestimmt nicht nach Ecuador. Versuchen sollte man vielleicht ilapingachos (Kartoffelmus mit Käse) und Locro (Kartoffelsuppe). Ganz gut auch Fanesca (Fischsuppe) sowie die verschiedenen ceviche (marinierter Fisch, muß aber unbedingt frisch sein). Interessanter ist da schon Peru mit seinen sensationellen Fischgerichten. Wieder cebiche (frischer Fisch, mariniert mit Zitrone, Zwiebeln und Pfeffer), dann escabeche (ähnlich wie cebiche, aber noch mit Käse und Eiern), chupe de camarones (Eintopf mit Crevetten und oft überraschenden Zutaten), parihuela (Fischsuppe) - all das muß man ausprobiert haben. Aber Achtung: Nur in vertrauenswürdigen Restaurants, denn der Durchfall kommt schneller und bleibt länger, als man denkt. Gut auch Yacuchupe (Suppe mit Pfefferminz ...), causa und carapulca (Kartoffelgerichte), ollucos con charqui (Trockenfleisch mit Kartoffeln) und anticuchos (gutes Fleisch mit viel Knoblauch, was auch gleich das Problem der Mosquitos löst). Alle Desserts sind sehr, sehr süß.

Chile ist eine absolutes Traumland für alle, die Fisch lieben. Leider nur noch selten erhältlich, aber sehr köstlich ist centolla (Königskrabbe) und loco (Fleisch der Abalone-Muschel). Sehr gut auch alle Arten von Fischen wie cojinoa, albacora und corvina. Unbedingt kosten sollte man auch paila conchi (Fischsuppe in höchster Vollendung). Wer eher an Land oder in der Luft bleiben will, dürfte mit cazuela de ave (Eintopf mit Geflügel) oder pastel de choclo (Fleisch, Zwiebeln, Oliven, überbacken mit Mais) sehr zufrieden sein.

Besonders stolz sind die Chilenen auf ihre grandiose Auswahl an Nachtischen, die aber alle Kalorienbomben sind.

Manchmal sieht es schlimmer aus, als es in Wirklichkeit ist...

Ein großes Problem stellt sich allerdings dem Reisenden, der diese Alternativroute zur Panamericana, die im Landesinnern verläuft, wählt: Es gibt keine Tankstellen. Deshalb fuhr ich besonders sparsam und schaffte fast 600 Kilometer mit einer Tankfüllung - als ich dann endlich wieder Benzin fand, schluckte der offiziell 26 Liter große Tank stolze 29 Liter… Trotzdem, als ich am Abend in Huatulco, dem Ferienort der reichen Mexikaner, vom Motorrad stieg, war ich völlig entspannt, obwohl ich mehr als 600 Kilometer hinter mich gebracht hatte. Das Dörfchen, nur für Touristen gebaut, gefiel mir gut, und ich übernachtete zufrieden mit mir, meiner Yamaha und meiner Reise in einer stillen Sandbucht am Strand.

Puerto Escondido

Ein schönes Plätzchen, das aber von immer mehr Touristen überfallen wird. Traumhafte Strände, die aber wegen ihrer Strömung oft nicht ganz ungefährlich sind. Hotels: Das beste: Posada Real. Das günstige: Las Cabanas. Die Tips: Loren, Barlovento.

Doch die Freude währte nicht lange. Kurz nach Huatulco bog die Straße von der Küste ab - und sofort begann es wieder zu regnen

Irgendwo in Mexiko: Man kann die Hitze förmlich spüren.

und kalt zu werden. Zum allem Unglück blies auch noch ein fürchterlicher und vor allem tückischer Gegenwind, der nicht nur all meine Konzentration erforderte, sondern mich auch nur noch knapp 50 km/h fahren ließ. In der Industriestadt Tapachula übernachtete ich noch einmal, bevor ich mich den guatemaltekischen Zöllnern stellte. Wenn ich nur nicht so frieren würde.

Tapachula

Eine typische Grenzstadt mit viel Schmuggelware, wobei für den Gringo oft nicht genau ersichtlich ist, weshalb ausgerechnet Toilettenpapier oder Kinder-fahrräder so wahnsinnig teuer sein sollen. Und aufgepaßt: Geldwechsel in Grenznähe ist immer ein Risiko, weil die Jungs mit allen Tricks gewaschen sind. Man sollte sich immer vorher nach dem Kurs erkundigen und das Geld genaustens nachzählen, weil man sonst mit größter Wahrscheinlichkeit aufs Kreuz gelegt wird.

Hotel: Das beste und Tip: Motel Loma Real (an der Hauptstraße, einen Kilometer nördlich der Stadt).

Tips für Motorradfahrer: Es gibt verschiedene Wege, um von Mexico City nach Guatemala zu kommen. Der von mir beschriebene Weg entspricht nicht der Panamericana, ist aber deswegen interessant, weil er ziemlich schnell ist und außerdem einer schönen Küste entlang führt. Die Panamericana selber führt über Matamoros und Oaxaca nach Tehuantepec, ist aber ziemlich gefährlich und langsam. Wer allerdings wilde Serpentinen und miserable Straßen liebt, dem dürfte es gefallen.

Es gibt Orte, an denen ist es einfach schöner als daheim…

Ein böser Sturz

Zum Glück hatte ich mich am Morgen noch mit einem guten Frühstück gestärkt, denn meine erste Erfahrung mit den mittelamerikanischen Zöllnern sollte eine lange werden. Etwas außerhalb von Tapachula drückten mir die mexikanischen Zöllner mit einem wissenden Grinsen die nötigen Stempel in den Paß - und entließen mich in eine etwa vierstündige Tortur. An den abbruchreifen guatemaltekischen Grenzbaracken erwarteten mich nicht Zöllner, sondern eine Horde Kinder. «Gringo, help, hundred dollar, help, help» schrieen sie, eines lauter als der nächste Bengel. Na ja, sollten sie betteln, dachte ich bis ich merkte, daß sie mir wirklich helfen wollten, denn die Grenzkontrolle ist alles andere als einfach.

Also drückte ich einem der Knaben zehn Dollar in die Hand, worauf er nur meinte, ich solle zuerst einmal Kaffee trinken gehen, weil der Chef noch nicht da sei. Er selber raste los und kam mit einem Berg von farbigen Papieren zurück. «Nein, du mußt sie nicht ausfüllen, du mußt nur für die einzelnen Stempel bezahlen», lächelte er mich an. Hier zwei Dollar, dort ein Dollar, dafür vielleicht ein Päckchen amerikanische Zigaretten. «Muß ich das bezahlen?» wagte ich zu fragen. «Du mußt nicht, aber wenn du heute noch weiterkommen willst, dann ist es besser. Außerdem empfiehlt es sich, den Chef günstig zu stimmen…». Was blieb mir anderes übrig, ich drückte dem vielleicht 12jährigen ein paar Dollar in die Hand, und

Das Leben ist gerade in Lateinamerika nicht immer einfach.

Die Slums von Guatemala City.

er raste wieder los. Als er endlich zurückkam, war ich schon beim vierten Kaffee. «Du kannst jetzt mitkommen - der Chef will dich sehen. Und vergiß nicht: Mexiko ist ein ganz fürchterliches Land, und Guatemala strahlt wie ein heller Stern am Himmel.»

Der Chef ist ein kleiner, gemütlicher Mann, der auf einem viel zu großen Stuhl vor einem weiteren Restaurant thront. Wir plauderten ein wenig, während er meinen Paß studierte, dann sogar aufstand, um meine Yamaha aus der Nähe zu betrachten. «Ich habe auch eine», meinte er, «wunderbare Maschine, 350 Kubik. Und deine?» «750, etwa 70 PS und mit Gepäck rund 300 Kilo schwer», lächelte ich zurück. Der jefe war begeistert, er trommelte seine ganze Belegschaft zusammen, schrie

sie an, daß jetzt dem motorista mal gezeigt werde, wie effizient der guatemaltekische Zoll funktionieren kann. Und wirklich - jetzt ging alles viel schneller. Mein Führer nahm mich an der Hand, führte mich vom Büro des Einreiseverantwortlichen zum Tisch des Gepäckverantwortlichen und von dort zum Führerscheinverantwortlichen, und jeder malte seinen Kritzel auf die jeweiligen Zettel, ohne die anscheinend gar nichts ging. Schließlich ging es noch einmal zum Chef, der sich jedes Papier genau anschaut und mir dann seinen höchstpersönlichen Stempel in den Paß drückte - gegen ein Entgelt von weiteren zehn Dollar. «Nur vier Stunden», war mein kleiner Führer überrascht, «das ist Rekord.» Dann erklärte er mir auch noch, weshalb hier so viele

Leute so langsam arbeiten. Der Chef habe sich diesen Grenzposten «gekauft», er bekomme vom Staat aber nur ein mickriges Gehalt, von dem er kaum seine Uniform bezahlen könne. Deshalb müsse er das Geld den Touristen abknöpfen, was auch für die restlichen Beamten gelte, die fast aus der ganzen Verwandtschaft des Chefs bestehen.

Nach der überstandenen Grenzkontrolle kam ich allerdings nicht weit, bis mich schon der nächste Kontrollposten - diesmal war es die Polizei, die überprüfte, ob auch wirklich alle Stempel in Ordnung sind - zu schröpfen versuchte. Mit einem Lächeln stellte mich der schön uniformierte Chef vor die Alternative, entweder ein paar Dollar in seine Tasche wandern oder mich während ein paar Stunden noch einmal komplett durchsuchen zu lassen. Das konnte ja heiter werden - und vor allem teuer! Wohl oder übel mußte ich die Scheine zücken.

Daß Guatemala auch schon bessere Zeiten erlebt hat, bemerkt man auf der Fahrt von der Grenze in die knapp 300 Kilometer entfernte Hauptstadt Guatemala City - immer wieder sieht man gesprengte Brücken und niedergebrannte Häuser. Doch sonst macht das Land einen sehr sympathischen Eindruck, vor allem die Bewohner sind sehr freundlich. Als ich nach einer imposanten Fahrt von der Küstenstraße im leicht erhöht liegenden Guatemala City ankam, hatte ich aber zuerst wieder Ärger mit der Polizei, wobei ich diesen absolut auf meine Kappe nehmen mußte. Auf der Suche nach einem ganz bestimmten Hotel fuhr ich dreimal in der verkehrten Richtung durch die gleiche Einbahnstraße: Zuerst staunte die Polizeistreife nur, beim zweiten Mal schüttelten sie nur den Kopf, und beim dritten Versuch hielten sie mich an und brummten mir eine absolut lächerliche Buße auf. Danach war mir aber auch klar, wieso ich das gewünschte Hotel nicht auf Anhieb gefunden hatte - die beiden Polizisten hatten nämlich ihr Auto unmittelbar davor geparkt.

Warum der böse Blick?

Guatemala City

Eine angenehme Stadt auf 1500 Metern Höhe mit ausgeglichenem Klima. Auch die Bewohner sind sehr freundlich. Architektonisch uninteressant. Hotels: Die besten: Conquistador (Via 5, 4-68), Camino Real (Avenida La Reforma mit 14 C). Die günstigen: Spring (Avenida 8, 12-65), Capri (Avenida 9, 15-63), Hostal Biskaia (Avenida 8, 16-14). Der Tip: Posada Belen (Calle 13, 10-30).

Es lohnt sich ein Ausflug ins direkt neben Guatemala City gelegene Antigua, die alte Hauptstadt, die 1773 von einem Erdbeben zerstört worden war. Wer weiter verreisen will, der kann sein Gepäck in der Hauptstadt lassen, weil eh alle Wege dorthin zurückführen.

Obwohl ich eigentlich noch voller Tatendrang war, verbrachte ich einige Tage in der guatemaltekischen Hauptstadt. Zum Glück, mußte ich im nachhinein sagen, denn während meines Aufenthaltes erfuhr ich aus der lokalen Presse, daß die geplante Weiterreise über El Salvador ein sehr großes Risiko gewesen wäre, weil der Bürgerkrieg in diesem kleinen mittelamerikanischen Land in diesen Wochen heftiger als je zuvor wütete. Außerdem wurden bereits einige Touristen als vermißt gemeldet und dieser Liste wollte ich mich nicht unbedingt anfügen. Also entschied ich mich, ein wenig von der Panamericana abzuweichen und über das guatemaltekische Hinterland direkt nach Honduras weiterzufahren.

Schönste, einsame Strände gibt es zuhauf in Mittelamerika.

Musik und Tanz

Etwas, das die Reise zu einem absoluten Genuß macht, ist nicht nur der stetige Wechsel der Landschaften, sondern auch die verblüffende Vielfalt an Musik und traditionellen Tänzen. Wir Gringos halten noch immer den Lambada oder das pseudoperuanische Panflötenlied «El Condor Pasa» für den Gipfel südamerikanischer Musikkultur. Dem ist aber nicht so: Von Mexico bis Chile hat jedes Land seine typischen Tänze, seine speziellen Instrumente - und seine ganz eigene Musik.

Mexiko - das ist mehr als nur Mariachi-Musik und die dazu typischen charro-Kostüme. Auf der einen Seite ist da die indianisch beeinflußte Musik, in der hauptsächlich Flöten und Trommeln ertönen, und deren wichtigste Tänze concheros (in städtischen Gebieten), quetzales (in der Sierra de Puebla, wie auch der voladores) und tarascan heißen. Andererseits hört man in Mexiko immer mehr Mestizen-Musik. Jede Region hat ihren eigenen son, so der huasteco (im Nordosten), der calentano (Michoacan), die chilena (Guerrero), die mariachi (Jalisco), die jarana (Yucatan) und der jarocho (Veracruz, bekannt ist beispielsweise La Bamba). Das wichtigste Instrument ist selbstverständlich die Gitarre, in einigen Regionen begleitet von der Harfe oder der Geige. Ein ebenfalls in ganz Mexiko be-

kannter Tanzrhythmus ist der jarabe. Auch bei den Gesängen kennen die Mexikaner verschiedene Formen: Der von den alten spanischen Balladen abstammende corrido, der sentimentale cancion, und die ranchera, die für Gringo-Ohren wie amerikanische Country-Music tönt.

Nicht ganz so abwechslungsreich ist die Musik in Guatemala, der Heimat der marimba, einer Art Xylophon. Dieses Instrument beeinflußt die gesamte Musik - und deshalb wirkt alles etwas eintönig. Aus präkolumbianischer Zeit haben in Guatemala allerdings zwei Tanzdramen überlebt, die sehr eindrucksvoll sind: Der baile de las canastas und der rabinal achi. Wer die Chance hat, diese Tänze zu sehen, sollte sie auf keinen Fall versäumen.

Auch von Honduras läßt sich wenig Interessantes berichten. In diesem Land ist die Musik hauptsächlich von der Karibik beeinflußt und produziert wenig Eigenständiges. Gleiches gilt auch für Nicaragua, das wie Guatemala ein marimba-Land ist. Die populärsten Tänze heißen hier vaca (Kuh), yeguita (Meer) und toro (Stier). Costa Rica ist ebenfalls von der ewigen marimba beeinflußt, hier wird sie aber meist von der Gitarre begleitet, was dann zu interessanten Tänzen wie der chirimia und dem quijongo führt. Der offizielle Na-

tionaltanz, der allerdings wenig Tradition hat, heißt punto guanacasteco. Eine für ein so kleines Land überraschend große Vielfalt an Musik zeigt hingegen Panama. So kommt der wohl bekannteste lateinamerikanische Interpret, Ruben Blades, genauso aus Panama wie die als typisch südamerikanisch angesehenen Rhythmen des cumbia. Klassische Tänze sind auch der tambor (auch tamborito genannt, wird von drei großen Trommeln begleitet), der punto (langsam) und die mejorana (begleitet von einer kleinen Gitarre gleichen Namens). Interessant außerdem noch die salomas, ein Gesang, der stark an das alpenländische Jodeln erinnert.

Gerade Kolumbien bietet in musikalischer Hinsicht einiges. So gibt es beispielsweise den Karneval von Barranquila, der von Kennern höher geschätzt wird als die gleichnamigen Festivitäten in Rio und Trinidad. An der Küste heißen die schnellen Tänze Cumbia, Vallenato (beide mit Bandoneon-Begleitung), Corrido, Zumba que Zumba (sehr schnell, nichts für unbeholfene Gringos) und Merengue (schärfer als Chili), die eher langsameren Paseo und Bambuco. Die speziellen Instrumente dazu: chucho, carangano (Trommeln), Tiple (12-saitige Gitarre) und die gaita (Flöte). Auch das Tiefland der Llanos hat mit der cuarto (4-saitige Gittare) und dem Joropo (fröhlicher Tanz)

seine musikalischen Spezialitäten. In Ecuador tanzt man Sanjuanito, Cachullapi, Albaza, Yumbo, Danzate, Amorfino (sehr romantisch), Pasillo (eine Art Walzer) und Pasacalle (ähnlich dem spanischen Pasodoble). Dazu werden rondador (eine Art Panflöte), guarumo (Horn) und die so typischen Flöten namens pichullo und pifano gespielt. An der Küste gibt es dann noch ganz einfache Schlaginstrumente, die bandas de mocha genannt werden.

In Peru werden die Musikrichtungen zwischen andina (in den Bergen) und criolla (Küste) aufgeteilt. In den Bergen gibt es mehr als 200 verschiedene Tänze. Die wichtigsten: Paucartambo, Coylloriti, Huayno sowie Baile de las Tijeras (nur für Männer, sehr schön anzusehen). Begleitet werden diese Tänze meist von Harfe und Violine sowie den verschiedenen Flöten (charango, quena, sicu). Von der Küste kommt die Marinera, eine Art Walzer, die von Gitarren und der Trommel cajon begleitet werden.

Auch Chile hat mehr Musik, als man vermuten könnte. Sehr schön anzusehen ist der cueca, wo sich die Paare mit Taschentüchern zuwinken, nett anzuhören die tonado, wo beim Tanzen auch noch gesungen wird. Die Musik dazu machen die Flöten (zampanas) und die Glocken (lichiguayos, pututos). Im Süden haben dann noch die Araukaner ihre ganz

eigene Musik mit Hörnern (trutruca, pifilka) und Trommeln (kultrun).
Zu dieser traditionellen Musik kommt man natürlich nicht mit einem Gang in die Discothek, sondern nur, wenn man sich an die lokalen Volksfeste hält. Doch davon gibt es in Lateinamerika eigentlich täglich eines.

Dieser Ausflug stand allerdings nicht unter einem besonders glücklichen Stern. Die Straßen in Guatemala sind eigentlich ganz gut, bloß die Verbindung nach Honduras ist unter jeder Sau. Ein wenig Schotter störte mich ja eigentlich gar nicht, aber zehn Zentimeter tiefer Schotter, da habe ich ein wenig Mühe. Meine Superténéré war dauernd am Schwanken, wenn ich zuwenig Gas gab, fiel ich fast um, wenn ich zuviel Gas gab, dann schmierte sie mir hinten weg. Zum Glück waren es nur etwa 20 Kilometer auf diesem Weg bis zur Grenze, wo mir wieder eine dieser mühseligen mittelamerikanischen Zollkontrollen bevorstand, wie ich sie mir schon in wüsten Bildern ausmalte. Doch nach einer kurzen Diskussion über die Öffnungszeiten ließen mich die Guatemalteken schnell laufen - und die Honduraner machten

überraschenderweise gar keine Schwierigkeiten, obwohl sie wohl noch nie ein Motorrad wie meine Yamaha gesehen hatten.

Vor lauter Freude über den reibungslosen Verlauf setzte ich etwas gar zu enthusiastisch über den schlammigen Grenzfluß und knallte prompt zum ersten Mal auf dieser Reise so richtig schön hin. Zwar halfen mir einige freundliche Honduraner mit dem Motorrad, das mitten im knietiefen Schlamm liegengeblieben war, sie bogen mir auch die verbogene Satteltaschenaufhängung wieder zurecht, doch mein Schaltfuß war arg in Mitleidenschaft gezogen worden, weil ich ihn beim Sturz nicht mehr rechtzeitig unter meiner Maschine hervorbrachte. Wie häßlich die Geschichte aussah, bemerkte ich erst, als ich in Copan, dem ersten Dörfchen in Hondu-

Die Ruinen von Copan - interessanter, als zu vermuten wäre.

ras, im Hotel meinen stabilen Cross-Stiefel ausziehen wollte: Ich kam gar nicht erst raus, weil mein Fuß so sehr angeschwollen war. Na denn, gute Nacht!

Copan

Eine kleine Stadt, direkt an der Grenze zu Guatemala: Klein, ruhig und sauber. Die große Attraktion sind die Maya-Ruinen, die wirklich sehr interessant sind, auch für Leute, die sich mit solchen Altertümern sonst nicht besonders anfreunden können. Hotel: Marina (am Hauptplatz, absolut empfehlenswert)

Erst nach drei Tagen Ruhe war die Verstauchung so weit abgeklungen, daß ich mich wenigstens in Turnschuhen einigermaßen bewegen konnte. Zum Glück traf ich drei deutsche Touristen, die mir so gut als möglich halfen und versuchten, mir die Langeweile ein wenig zu vertreiben. Mit zusammengebissenen Zähnen hinkte ich durch die anscheinend weltberühmten Maya-Ruinen von Copan und war selber überrascht, wie interessant solche Steinhaufen, wie ich sie vorher zu bezeichnen pflegte, sein können. So hatte mein Sturz wenigstens etwas Gutes: Ich kaufte mir sämtliche verfügbare Literatur über die Ruinen und die Mayas und machte mich klug. Zwar würde ich mich auch heute noch weigern, solche Ruinen freiwillig zu besichtigen, doch

die Geschichte der alten indianischen Völker hat es mir mittlerweile so sehr angetan, daß ich alle Bücher über Mayas, Azteken, Inkas und Konsorten geradezu verschlinge.

Als ich mich nach der unfreiwilligen Ruhezeit endlich wieder auf die Straßen wagte, wartete auf der Fahrt in die honduranische Hauptstadt Tegucigalpa schon das nächste Straßenabenteuer auf mich. Ich donnerte gerade mit etwa 150 km/h die schöne Landstraße entlang, als wenige Meter vor mir plötzlich ein uralter Lastwagen ausscherte - ich hatte keine Alternative, ich mußte in ein Feld abfliegen. Wie ich es schaffte, nicht gnadenlos zu stürzen, das ist mir heute noch ein Rätsel.

Wo ist die Straße geblieben?

Trotzdem mußte ich zuerst einmal absitzen und ein paar Chesterfields rauchen, bis sich mein Puls wieder beruhigt hatte.

Danach ließ ich es bis Tegucigalpa etwas ruhiger angehen - nicht ungern, denn die Umgebung ist sehr schön. Am Lago Yojoa ließ ich mir in einer Bretterbude zum Mittagessen einen frischen Süßwasserfisch servieren, für knapp einen Dollar eine Portion, von der sich auch eine Familie gut ernähren könnte und erst noch hervorragend schmeckte. Honduras war mir irgendwie sehr sympathisch - wenn nur die hirnverbrannten Autofahrer nicht gewesen wären. Auch Tegucigalpa ist sehr nett, eine höchst lebendige Stadt, in der das Leben auf der Straße stattfindet und die ich humpelnd erkundete.

Doch länger bleiben wollte und konnte ich nicht, weil Nicaragua vor mir lag, wo ich zumindest am Zoll einige Schwierigkeiten erwartete. Nicht ganz zu Unrecht, wie sich herausstellte. Auf eine genaue Schilderung des Zollprozederes möchte ich aber verzichten, man kann es zu Beginn dieses Kapitels nachlesen. Einen besonderen Gag hatten die «Nicos» allerdings noch zu bieten - ich wurde samt Motorrad in voller Kleidung unter eine Desinfektionsdusche gestellt, was nicht sonderlich angenehm war, obwohl ich den Helm aufbehalten durfte. Nachher stank ich wie eine Parfumfabrik der alleruntersten Schublade.

Kurz nach der Grenze schlug das Pech wieder gnadenlos zu. Mitten

Tegucigalpa

Die wohl angenehmste Hauptstadt Mittelamerikas, die wegen der Erdbebengefahr von Hochhäusern bisher verschont wurde. Das Leben spielt sich auf der Straße ab und man kann sich auch als Gringo absolut gefahrlos bewegen.
Hotels: Die besten: Honduras Maya (Avenida Republica de Chile, Colonia Palmira), La Ronda (Avenida 6, 11 C). Die günstigen: Imperial (Avenida 5, zwischen Calle 7 und 8), Granada (Avenida Gutenberg 1401). Der Tip: Nuevo Boston (Avenida Jerez 313).

Ein honduranischer Hinterhof.

im Niemandsland bohrte sich ein etwa zehn Zentimeter langer Nagel unerbittlich in meinen hinteren Pneu - hervorragend! Raus brachte ich den Reifen noch problemlos, aber was nun? Nach einer halben Stunde Wartezeit in der glühenden Hitze kam endlich ein Pickup vorbei, dessen zwei Passagiere sich als sehr hilfsbereit erwiesen. Sie nahmen den Pneu mit in das nächste Dorf, ließen ihn dort flicken und brachten ihn dann - nach etwa drei Stunden - wieder zurück. Die beiden Herren bestanden auch noch darauf, mir beim Einbau zu helfen, was sich allerdings als sehr problematisch erwies, denn sie hatten offensichtlich den Rest der zehn Dollar, die ich ihnen für die Reparatur mitgegeben hatte, in Alkohol umgesetzt. Sie ließen meine Superténéré mindestens dreimal fallen, was mich natürlich nicht gerade mit Freude erfüllte. Trotzdem gab ich ihnen nachher noch einmal zehn Dollar, was sie mir überschwenglich dankten. Wegen dieser Panne und des einsetzenden Regens schaffte ich es nicht mehr bis in die Hauptstadt Managua, wie ich mir eigentlich vorgenommen hatte, sondern nur noch bis Esteli, ein absolutes Kaff, wo ich nur mit Mühe eine Bleibe für die Nacht

Der einzige Reifenschaden der ganzen Reise - und das in Nicaragua.

fand. Und dann erst noch nicht schlafen konnte, weil einige betrunkene Musiker die ganze Nacht ihren neuesten Ohrwurm probten.

Managua

Ein trauriges Bild einer Stadt, die einst eine der schönsten der Welt gewesen sein soll. Wie es heute aussieht, kann ich nicht abschätzen, aber zum Zeitpunkt meiner Reise war Managua völlig am Ende.

Hotels: Das beste: Interconti-nental (nördlich der Calle Colon). Das günstige: Royal (beim Bahnhof). Der Tip: Casa Fiedler (8a Calle Sur-Oeste 1320). Achtung: Die meisten Hotels müssen auch heute noch in US-Dollar bezahlt werden.

Ein dauernder Begleiter: Der meist heftige Regen.

Dabei könnte das Leben so schön sein.

Nicaragua ist so ziemlich das ärmste Land, das ich je gesehen habe. Es liegt nicht einmal so sehr daran, daß die Einwohner kein Geld haben, es gibt schlichtweg nichts, was man mit Geld kaufen könnte. Das Essen ist knapp, es gibt kaum Restaurants, es gibt nur selten Benzin, es gibt auch sonst nichts. Die Schrecken des Bürgerkrieges sind überall zu sehen: Zerstörte Brücken und Häuser, notdürftig errichtete Friedhöfe, Felder, die seit Jahren nicht mehr bestellt wurden. Und das Schlimmste: Dieser völlig apathische Blick der Menschen, die nichts mehr haben, nichts mehr zu verlieren und, noch tragischer, nichts mehr zu gewinnen. Vor allem die Hauptstadt Managua ist ein Bild des Schreckens. Kaum ein Haus steht noch so, wie es einst erbaut wurde, am Straßenrand stehen verkrüppelte Bettler, niemand scheint zu arbeiten. Ich war ganz froh, als ich an die Grenze zu Costa Rica kam.

Erinnerungen

Auch aus einem anderen Grund war ich nicht unfroh, nach Costa Rica zu gelangen: Ich hatte in diesem Land bereits vor meiner Reise mit dem Motorrad einmal einige sehr angenehme Wochen verbracht und wollte jetzt mit dem Motorrad noch Orte besuchen, die ich vorher nicht kennengelernt hatte. Doch zuerst hatte ich mich noch mit den Grenzbeamten herumzuschlagen, die im Gegensatz zu ihren Kollegen in Guatemala und Nicaragua nicht korrupt, aber dafür extrem pingelig waren. Doch zum Glück spreche ich Spanisch - ein amerikanisches Ehepaar, das gleichzeitig mit mir mit dem Auto ankam, steht wohl heute noch an der Grenze, weil sie sich nicht verständigen konnten.

Costa Rica wird nicht zu Unrecht als die Schweiz Lateinamerikas bezeichnet - das Land ist extrem sauber, hervorragend organisiert und mehr oder weniger sicher. Mir gefällt diese Kombination irgendwie, der mittelamerikanische Charme, die grandiose Landschaft, das meist gute Wetter - und dann die fast völlige Absenz von Terror und Korruption. Wie gut gerade die Polizei das Land unter Kontrolle hat, mußte ich schon nach wenigen Kilometern erfahren. Gut, ich gebe es zu, auch in Europa ist es nicht erlaubt, über eine ausgezogene Linie und mit bei weitem übersetzter Geschwindigkeit zu überholen, aber daß ich deswegen in Mittelamerika je eine Buße bezahlen müßte, das hätte

Freundliche Tiere: Eine Echse irgendwo in Costa Rica.

ich mir nicht träumen lassen. Aber ich mußte - und erst noch happige 40 Dollar. Und wenige Kilometer später gleich nochmal…

Es ist eine wahre Pracht, mit dem Motorrad in Costa Rica zu reisen. Die Hauptstraßen sind in einem hervorragenden Zustand, man kommt sehr schnell vorwärts, und wer mehr auf Schotter steht, der kommt abseits der Hauptverbindungswege voll auf seine Rechnung. Von der Grenze fuhr ich zuerst nach Puntarenas, eigentlich ein fürchterlicher Touristenort an der pazifischen Küste, der aber doch einige ganz nette Kleinigkeiten zu bieten hat. Vor allem kann man mit der Fähre auf die noch fast unberührte Halbinsel Nicoya fahren, wo man Ruhe und einige herrliche Strände findet.

Puntarenas

Touristenort, der vor allem am Wochenende von Hauptstädtern überfüllt ist. Im Hinterland werden die Bananen und Reis angepflanzt, was auch die nicht sehr abwechslungsreiche Küche beeinflußt. Wenigstens gibt es jetzt keinen stinkenden Hafen mehr - jetzt stinkt es im nahegelegenen Caldera…

Hotels: Die besten: Tioga (El Carmen, in der Nähe des Strandes), Porto Bello (Avenida Central mit Calle 68). Die günstigen: Cabinas Thelma (bei der Holman Bar an der Calle 7 fragen), Rio (Avenida 3 mit Calle 2).

Ausflug: Den besten Strand in der Nähe findet man in Mata de Limon - eine Lagune, wie man sie auch in Bilderbüchern sieht.

Seit Puntarenas nicht mehr der Haupthafen von Costa Rica ist und vom wenige Kilometer entfernten Caldera abgelöst wurde, kann man sich in den Straßen auch wieder einigermaßen sicher bewegen. Der größte Vorteil von Puntarenas ist und bleibt aber, daß man in knapp einer Stunde in San José ist. Und von der Hauptstadt aus kann man Ausflüge machen, die sich wirklich lohnen.

Der weiße Riese…

Das andere Geschlecht

Er nannte sie Mosquito. Er nannte eigentlich alle seine Frauen Mosquito, nicht etwa deshalb, weil sich mit Mosquito sein spanischer Wortschatz erschöpfte, nein, er wollte und konnte im Zusammenhang mit Frauen sein Gehirn nicht zu stark beschäftigen. «Sieh dir Mosquito an», sagte er mir eines Abends, «ist sie nicht wunderbar?» Ich schaute mir Mosquito an, von der ich wußte, daß sie Christina heißt, und sie war wirklich wunderbar. «Sie hat eine Schwester, die ist noch hübscher, genau das richtige für dich», meinte er dann. Nein danke, mein lieber schwedischer Freund, konnte ich da nur sagen: «Du weißt doch ganz genau, daß ich nie für eine Frau bezahlen würde - niemals, ich könnte ja nicht mehr in den Spiegel schauen. Und überhaupt, die Damen kommen noch, auch wenn ich keine Scheine locker mache.» Dann setzte Carl, der schwedische Journalist, der seit Jahren in Costa Rica lebte und alle Bordelle aus- und vor allem inwendig kannte, wieder zu seinem Exkurs über die Wirtschaftlichkeit von Prostituierten an: «Du lernst eine Dame, sagen wir, in einer Bar kennen, ihr plaudert, ihr trinkt noch etwas, ihr kommt euch näher, ihr trinkt noch etwas, du bezahlst selbstverständlich, um ein Rendez-vous für den nächsten Tag zu bekommen. Am Mittag wird dann getafelt, vielleicht ein kleines Küßchen

zum Abschied, am Abend zuerst ins Kino, du bezahlst, dann noch eine Kleinigkeit essen, Du bezahlst selbstverständlich, dann noch ein paar Drinks in einer Bar, wieder bist es du, der bezahlt. Wenn du Glück hast, dann kriegst du sie noch in der gleichen Nacht ins Bett, wahrscheinlich aber nicht, du mußt noch einen Abend und noch mehr Geld investieren, bis du sie endlich flachlegen kannst. Jetzt rechne einmal aus, was dich die Nummer gekostet hat und dann vergleiche das mit der Summe, die du für einen Mosquito hinlegen mußt, damit sich der Mosquito noch am gleichen Abend hinlegt. Und? Wer von uns macht das bessere Geschäft? Und noch etwas: Nachher, bei der Zigarette danach, wird sich der Mosquito einfach anziehen und die Fliege machen, so daß du nicht noch lange quatschen mußt, wo du doch so dringend den Schlaf brauchen würdest. Nur Vorteile, ich sage es dir, nur Vorteile hat so ein Mosquito.» Carl hat selbstverständlich recht, zumindest was den finanziellen Standpunkt betrifft. Aber da war doch noch etwas anderes zwischen Männlein und Weiblein, nicht wahr?

Auch der Reisende hat seine Bedürfnisse, das mag stimmen. Und gerade der Reisende in Lateinamerika meint, diese Bedürfnisse nach holder Weiblichkeit sehr einfach befriedigen zu können. Doch der

Schuß geht auch sehr schnell in den Ofen: Latinas eignen sich nur bedingt für das schnelle Abenteuer. Wobei man natürlich stark unterscheiden muß zwischen den Professionellen und den Damen, die sich nicht (nur) aus finanziellen Gründen auf eine kleine Geschichte einlassen. An Prostituierten mangelt es in Lateinamerika weiß Gott nicht - und wem der Sinn danach steht, der kommt sicher auf seine Rechnung. Doch sonst, na ja, das Vergnügen ist mit Vorsicht zu genießen, nur schon wegen gewisser Krankheiten, gegen die nur eine Verpackung in Gummi hilft. Und manch eine Dame hat auch in der Horizontalen nur ein Ziel: Aus der Scheiße, in der sie steckt, wegzukommen, nach Europa zu kommen. Und dafür macht sie so ziemlich alles, dafür läßt sie sich auch schwängern oder bietet ihren großen, messerbewehrten Bruder auf. Und das ist dann nicht mehr eitel Freude. Doch am besten macht man(n) ganz einfach selber seine Erfahrungen und hält es mit Shakespeare: Wie es Euch gefällt.

Die holde Weiblichkeit: Wer mit dem Feuer spielen will…

San José selber ist so etwa die langweiligste Hauptstadt Lateinamerikas. Weder ist die Architektur irgendwie interessant, noch kann man sich an einem besonders guten Kulturangebot ergötzen, und wegen des Essens fährt man eh nicht nach Costa Rica. Was mich nach San José zog, war seine zentrale Lage - und mein Motorrad, das dringendst wieder einmal einen Service brauchte.

sonders gut gefiel es mir im National Park Manuel Antonio in der Nähe von Puerto Quepos, eine vierstündige Reise mit dem Bus, für die man nur schon wegen der herrlichen Sonnenuntergänge und der urwüchsigen Landschaft mindestens drei Tage investieren sollte. Selbstverständlich kann man auch mit dem Motorrad hinfahren - und dann erst noch traumhaft schön am Strand campieren. Was

Meine Spuren im Sand…

Und während meine Yamaha in kundigen Händen zu neuem Leben erwachte - sie bekam einen neuen Hinterreifen, die Ventile wurden wieder eingestellt und alle Flüssigkeiten ausgetauscht -, machte ich Ausflüge in die nähere und weitere Umgebung. Be-

man sich ebenfalls mit gutem Gewissen antun kann: Der knapp 60 Kilometer von San José entfernte Vulcano Poas, der sich nicht nur in einem schönen Naturschutzgebiet befindet, sondern auch noch ein wenig raucht und bei dem eine Lagune zum Bade lädt.

San José

Einfach eine große Stadt - mit all ihren Nachteilen. Wem es zu langweilig wird, der flüchtet einfach an eine der beiden Küsten, die je rund eine Stunde Fahrt entfernt sind. Die dunkleren Viertel sollte man nicht nur nachts meiden, wenn man nicht einen Überfall riskieren will.

Hotels: Die teuren: Sheraton Herradura (in der Nähe des Flughafens, weit vom Stadtzentrum entfernt), Aurola Holiday Inn (Calle 5 mit Avenida 5). Die günstigen: Roma (Calle 14 mit Avenida Central), Napoleon (Calle 6 mit Avenida 3). Der Tip: Amstel (Calle 7 mit Avenida 1, sehr zentral).

Den besten Kaffee der Stadt gibt es im Café del Teatro (am Hauptplatz), wo man meist auch interessante Leute treffen kann. Der mit Abstand beste und vor allem schönste Nachtclub (gleich neben dem Hotel Amstel) ist das Key Largo, aber aufgepaßt, im oberen Stock gehen die Damen dem ältesten Gewerbe der Welt nach, und hinter verschlossenen Türen wird auch kräftig gezockt.

Tip für Motorradfahrer: In San José sollte man die Maschine noch ein letztes Mal vor dem Abenteuer Südamerika in Ordnung bringen lassen. Es sind fast alle Marken vertreten. Geheimtip bei größeren Problemen: Roberto Dachner (P.O. Box 114-1200, Pavas, Costa Rica, Telephon 31 65 25) ist ein kleines Genie, er weiß nicht nur immer, woran es liegen könnte, er hat auch für fast alle Probleme eine Lösung. Und außerdem weiß er, wo man die günstigsten Ersatzteile kriegt.

Ladet zum Bade: Die Lagune beim Vulcano Poas.

Da muß man durch: Auch ein Fluß braucht seinen Platz.

Die Panamericana in Richtung Panama windet sich nach San José kräftig in die Höhe - so hoch, daß eigentlich fast dauernd Nebel herrscht. Doch die Landschaft mit ihren Kaffeeplantagen und den unendlich scheinenden Bergketten ist ein absoluter Höhepunkt der Reise von Alaska nach Feuerland. Es ist alles so grün, daß es fast in die Augen sticht, in der Ferne kann man von der Straße aus noch rauchende Vulkane und, mit etwas Glück, sogar beide Meere erkennen. Hier ist es nicht nur wichtig, daß man gut auf die Straße schaut, denn die Ticos neigen dazu, Kurven zu schneiden, sondern vor allem auch, daß man sich richtig anzieht, denn nach der Kälte der Berge kommt wieder die drückende Hitze des Küstengebietes - ich holte mir auf jeden Fall eine gewaltige Erkältung, die ich bis nach Kolumbien nicht mehr los wurde.

Abseits

Die Panamericana verläuft in Costa Rica fast ausschließlich in der Nähe der pazifischen Küste. Doch auch ein Ausflug an die karibische Küste lohnt sich auf jeden Fall, auch deshalb, weil die Distanzen kaum ins Gewicht fallen. Interessant auf dem Weg nach Puerto Limon ist sicher der Vulcano Irazu, der mit seinem gewaltigen Krater und der kargen Umgebung ein grandioser Anblick ist. Limon selber ist eine heiße Stadt, in jeder Beziehung: Die Hitze ist drückend, die Stimmung wild, so wie man sich die Karibik halt vorstellt. Die Stadt eignet sich hervorragend als Ausgangspunkt für Ausflüge in die interessanten Nationalparks von Tortugero (im Norden, bekannt für seine vielen Schildkröten) und Cahuita (im Süden, wunderschöner Strand und viele Affen).

Auf dem Weg nach Panama bietet sich der kleine Ort Golfito an der Pazifikküste perfekt für einen Zwischenhalt an. Golfito hat eine bewegte Geschichte hinter sich: Lange Jahre stand der kleine Ort unter dem Joch der United Fruit Company, die Ticos mußten unter menschenunwürdigen Bedingungen Bananen pflanzen und wurden dafür mit Coupons der Company entlohnt, die sie nur in Companyeigenen Geschäften einlösen konnten - auch eine Form von Sklaverei. Nach verschiedenen Aufständen verließ die United Fruit eines Nachts das Gebiet, und die ganze Bevölkerung blieb arbeitslos zurück. Davon hat sich Golfito bis heute nicht erholt, obwohl einige reiche Amerikaner in den letzten Jahren herausgefunden haben, daß sich die Gewässer vor der Küste hervorragend für die Hochseefischerei eignen.

Vor Golfito hatte ich allerdings ein weiteres Abenteuer zu überstehen, das fast das Ende meiner Reise bedeutet hätte. Weil ich mitten in einem sintflutartigen Wolkenbruch zu früh nach Golfito abzweigte, mußte ich auf einem Feldweg unterster Güte der Küste entlang fahren. Kein leichtes Unterfangen, denn der Untergrund mit seinem roten Lehm war nicht nur unglaublich glitschig, sondern vor allem sehr tief: Wenn ich zu viel Gas gab, rutschte mir das Hinterrad weg, gab ich zu wenig Gas, so blieb ich stecken. Na

ja, das wäre ja alles nicht so schlimm gewesen, doch schon in Sichtweite von Golfito mußte ich noch einen Bach queren, der sich im Dauerregen zu einem veritablen Fluß gewandelt hatte. Nach meinem Sturz in Honduras war ich gewarnt: Also stieg ich zuerst ab, um durch die Fluten zu waten. Kein Problem, fand ich heraus, und wollte gerade in den Fluß steuern, da brach die Böschung unter der Last meiner Yamaha zusammen und ich lag samt Maschine flach im Wasser. Also stoßen, denn anspringen wollte die Superténéré nicht mehr - doch beim Sturz hatte sich der Ganghebel so sehr verbogen, daß ich nicht mehr in den neutralen Gang schalten konnte. Es muß ein herrliches Bild gewesen sein, wie ich da im knietiefen Wasser mit einem Schraubenzieher versuchte, die Schaltung wie-

Eins geht immer…

Die grüne Hölle: Da macht Motorradfahren keinen Spaß mehr.

der zu richten. Irgendwie schaffte ich es, irgendwie schaffte ich es auch, ans andere Ufer zu kommen - und als ich dort aus purer Verzweiflung noch einmal versuchte, die Maschine zu starten, sprang sie auch wieder problemlos an...

Golfito

Ein Nest, wo auch die Einwohner unter der drückenden Hitze leiden. Vor allem kann man ab Gol-fito Ausflüge in den Corcovado-Nationalpark unternehmen, der zu den schönsten der ganzen Welt gehört. Dort gibt es auch einige sensationelle und sensationell teure Hotels, die von Gringos betrieben werden und Führungen in die einmalige Corcovado-Landschaft veranstalten. Hotels in Golfito: Das teure: Cabinas El Tortugo. Der Tip: Costa Rica Surf.

Eine genaue Beschreibung der Zollprozedur zwischen Costa Rica und Panama möchte ich mir hier ersparen, auf jeden Fall war wieder eine Desinfektionsdusche für Mann und Maschine fällig. Was aber nicht weiter schlimm war, denn schon kurz nach der Grenze kam ich in ein Gewitter, das mich bis auch die Knochen näßte. Und wenn ich von einem panamesischen Wolkenbruch rede, so läßt sich das nicht mit dem Regen vergleichen, den wir in Europa gewohnt sind: Es schüttet nicht in Tropfen, nein, es werden Eimer ausgeleert. Das konnte ja heiter werden, denn ich war jetzt voll in der Regenzeit, die in diesem Jahr viel zu spät begonnen hatte und deshalb noch gnadenlos andauerte, obwohl ich mir meinen Reiseplan genau so zurechtgelegt hatte, daß mich die Wassermaßen nicht mehr treffen sollten. So fuhr ich an diesem Tag dann eben nicht bis Panama City, wie ich das eigentlich geplant hatte, sondern übernachtete, noch stundenlang schlotternd, in Santiago, einem Dorf, das völlig zu Recht noch nie in der Weltgeschichte aufgetaucht ist. Wobei ich gut hätte weiterfahren können, denn auch am nächsten Tag auf den verbliebenen 250 Kilometern wurde ich noch dreimal komplett geduscht - doch in Panama City erwartete mich eine Adresse, die zu den Highlights meiner Reise zählen kann: Die Road Knights, ein Motorradclub der amerikanischen Luftwaffe, der sein Lager auf der Albrook Airbase aufgeschlagen hat und reisende Motorradfahrer nicht nur gern willkommen heißt, sondern auch sehr freundlich bewirtet und erst noch einlogiert.

Die Altstadt von Panama City: Einst das Venedig Lateinamerikas.

Der Panama-Kanal: Eines der grandiosesten Bauwerke der Welt.

Panama City ㉕

Immer noch eine höchst reizvolle Stadt, in der man sich billigst mit Kleidern und Elektronik eindecken kann, sofern man so etwas für die Weiterreise braucht. Ein Ausflug an den Kanal lohnt sich auf jeden Fall, auch Colon am anderen Ende ist einen Abstecher wert.

Hotels: Die teuren: Mariott (Via Israel), El Panama (Via Espana 111). Die billigen: Central (Plaza Catedral), Las Palmeras (Avenida Cuba mit Calle 38). Der Tip:

Vasquez (Avenida A 2-47).

Das oft lange Warten auf eine Transportmöglichkeit nach Kolumbien überbrückt man am besten mit einem Ausflug auf die San-Blas-Inseln, wo die einzigen wirklich autonomen Indianer der Welt leben. Und noch eine vielleicht nützliche Bemerkung: In ganz Panama sind die Gringos seit einiger Zeit nicht mehr sehr beliebt und vor allem in der Dunkelheit ein bevorzugtes Ziel von Begegnungen der eher unfreundlichen Art.

Der alte Mann ist tot

Dan ist ein alter Freund von mir. Zwar dient er als Instruktionsoffizier der Marines, der berüchtigten Eliteeinheit der amerikanischen Armee, doch er ist auch immer für eine interessante Geschichte gut, er ist ein belesener Mann, der sich eine kritische Distanz zur amerikanischen Außenpolitik bewahrt hat. Wir haben schon manche Nacht miteinander diskutiert, früher noch in Deutschland, vor einigen Jahren auch in der Altstadt von Panama City. Als ich ihn deshalb auf meiner Reise wieder traf, war nicht nur meine Überraschung, sondern auch meine Freude groß, und ich lud ihn zu einem Bier in unserer Lieblingsbar in der Altstadt ein. «Oh man, forget it», antwortete er mir in seinem breiten Südstaatenakzent, «erstens ist für Angehörige der Armee verboten, sich überhaupt in die Altstadt zu begeben, und zweitens ist es verdammt gefährlich - die Panamenos sind unglaublich aggressiv gegen alles, was auch nur entfernt nach Gringo aussieht.» Ich konnte, ich wollte es nicht glauben. Panama City war für mich immer eine der schönsten Städte Lateinamerikas gewesen. Die Altstadt mit ihren verlotterten Holzhäusern, den gewaltigen Kirchen, den traumhaften, schneeweißen Kolonialbauten, den Bovedas - die alten Mauern zum Schutz gegen die Piraten, auf den sich heute die Liebespärchen unter riesigen alten Bäumen küssen -, das Café auf der Plaza de Francia (zur Erinnerung an die Franzosen, die unter dem Kommando des legendären Ferdinand de Lesseps einen Kanal durch Panama bauen sollten und so grandios scheiterten) - all das hatte diesen unglaublich morbiden Charme, mit dem sich vielleicht noch eine Stadt wie Venedig messen kann. Für mich war Panama City immer wie ein alter, weiser Mann gewesen, der sehr viel erlebt hat und jetzt, kurz vor seinem Tod, noch seine phantastischen, seine ruhigen Geschichten erzählt. Und dieser alte Mann sollte jetzt tot sein?

Ich konnte, ich wollte es wirklich nicht glauben. Noch am gleichen Abend spazierte ich die Avenida Central herunter in Richtung der Bovedas, um bei Pablo, dem ehemaligen Ingenieur, dem Intimfeind von Noriega und den Amerikanern, dem Meckerer und Barbesitzer, ein kleines Schwätzchen bei einem Schoppen Bier zu halten. Doch was ich auf meinem Weg durch die Altstadt, vorbei an geplünderten und nicht wieder eingerichteten Geschäften sah, ließ mich schaudern: Die Amerikaner hatten am 20. November 1989 und in den darauf folgenden Tagen anscheinend ganze Arbeit geleistet. Die Altstadt war gezielt zerstört worden - alle Häuser, in denen Genossen des Dikta-

tors gewohnt hatten, waren systematisch zerbombt worden. Daß dabei halt auch die meisten anderen der alten Holzhäuser in Flammen aufgingen, das war den Amerikanern anscheinend nur recht gewesen.

Als ich dann auf die Plaza Central kam, verließ mich fast der Mut - ein Jahr nach dem verheerenden Angriff lagen noch immer Steinbrocken herum. Alte Männer saßen darauf, diskutierten mit leisen Stimmen, verstummten sofort, als ich in ihre Nähe kam, und starrten mich mit haßerfüllten, aber auch hoffnungslosen leeren Augen an. Und wo waren die Kinder, die jungen Männer, die in den dunklen Gassen normalerweise Fußball spielten, wo waren die jungen Mädchen, die sonst in den Türen ihrer Elternhäuser standen und jederzeit für einen harmlosen Flirt zu haben gewesen waren? War Panama City, war der alte Mann mit seinen schönen Geschichten wirklich tot? Ich mußte mich wohl damit abfinden.

«Don Pedro, tu eres loco!» Pablo erkannte mich wieder, kein Wunder, hatten einige Freunde und ich doch schon während Wochen den gesamten Unterhalt seiner Bar bestritten. «Es ist viel zu gefährlich für einen Gringo, hierher zu kommen - wenn sie dich nicht zusammenschlagen oder gar umbringen, so rauben sie dich zumindest bis auf die Unterhosen aus. Es ist nicht mehr wie früher, Don Pedro: Der alte Mann ist tot, es leben nur noch seine Geister, die sich von seiner Leiche ernähren.»

Pablo führte mich auf die Terrasse hinter der Bar, brachte mir einen Stuhl und einige Biere. dann schloß er sein Geschäft und setzte sich zu mir: «Ach, Don Pedro, du kannst dir die Scheiße nicht vorstellen, in der wir hier stecken - es ist wirklich la pura mierda», begann er dann seinen Bericht. Bis zum Morgengrauen saßen wir auf der Terrasse, ich hörte zu, stellte Fragen, die Flut kam, der Gestank des Hafens ging, die Flut ging, der Gestank des Hafens kam zurück. Immer wieder holte Pablo Bier, immer wieder klopfte einer seiner Freunde an die Tür und wollte wissen, was er denn mit dem Gringo bespreche. Als ich endlich in mein Hotel zurückspazierte, begleiteten mich fünf Panamenos, die sich im Laufe der Nacht eingefunden hatten, um dem Suizo zu erzählen, was in den letzten Monaten paßiert war. Der alte Mann war wirklich tot. Noriega in seinen letzten Zuckungen und die Amerikaner hatten ihm den Garaus gemacht. Sie hatten mit ihren Bomben nicht nur seinen Körper zerfetzt, viel schlimmer, sie hatten ihm auch das Herz herausgerissen - «die Leute hier haben alle Hoffnung auf Besserung verloren». erzählte mir Jorge, ein Student aus Santiago. «Für mich war es wie ein verfrühtes Weihnachtsgeschenk, als die Amis am 20. Dezember kamen. Noriega war

ein Schwein, es war richtig, daß sie ihn geholt haben - doch sie haben ein Vakuum hinterlassen. Sie haben alles kaputtgemacht, aber sie wollen nicht beim Wiederaufbau helfen. Sicher, das Geld fließt, aber nur für die Freunde der Gringos, für die Reichen, die seit vielen Jahren nichts mehr zu sagen gehabt hatten und die sich jetzt wie Wölfe auf die neuen Möglichkeiten in unserem besetzten Land stürzen. Die Armen, die unter der Invasion am meisten zu leiden hatten, weil ihre Häuser und ihr gesamtes Hab und Gut zerstört wurde, sie stecken Tag für Tag tiefer in der Scheiße - sie haben keine Arbeit, sie haben keine Ahnung, wie es weitergehen soll, sie wissen nicht, was sie heute essen, was ihre Kinder morgen anziehen sollen.»
Die Kleider sind auch das Problem von Präsident Endarra. Er macht gerade seine 42. Abmagerungskur in diesem Jahr durch, und erstmals ist so etwas wie ein Erfolg ersichtlich. «Und wie ist die neue Regierung, ist sie besser?», frage ich. Pablo verzieht das Gesicht: «Außer Abspecken und in offizieller Mission für Panama um die Welt reisen - nichts!» Francisco, ein älterer, schlecht gekleideter Journalist, doppelt nach: «Noriega hat für die Amerikaner gearbeitet. Endarra ist von den Amerikanern eingesetzt worden und arbeitet ebenfalls für sie - wo soll da ein Unterschied sein?»
Ich erinnere mich gut, wie Pablo,

der Barbesitzer aus der Altstadt, immer gegen Noriega und seine Schergen gewettert hatte. Er hatte seinen gutbezahlten Job als Ingenieur in einer Maschienfabrik in David verloren, weil er sich gegen die dauernde Bevormundung und ewigen Kontrollen aufgelehnt hatte, er saß sogar kurz im Gefängnis, weil er zum Widerstand gegen das «Ananasgesicht» aufgerufen hatte. «Aber unter seiner Herrschaft hatten wir wenigstens immer etwas zu essen, auch als die Amerikaner ihr Wirtschaftsembargo gegen Panama erklärten, man konnte auch mitten in der Nacht spazierengehen, weil Noriegas Polizei wirklich sehr effizient gearbeitet hat» erklärt er, jetzt aber mit einem Schmunzeln auf den Lippen.
Vor meiner Abreise lud mich Dan noch zu einem Abendessen im sicheren Teil von Panama City, dem Bankenviertel, ein. «Ich bin zwar hier stationiert, von der Operation «Just Cause» habe ich aber eigentlich nichts mitbekommen. Wir, die wir hier leben, haben auch jetzt noch keine Ahnung, was wirklich paßiert ist. Wir merken nur, daß wir nicht mehr in die Stadt dürfen, daß unsere panamesischen Freundinnen nichts mehr von uns wissen wollen.» «Du weißt, daß es mehr als tausend Tote gegeben haben soll», frage ich ihn. «Das kann nicht sein», erschrickt Dan sichtlich, «wenn das stimmt, dann ist der alte Mann wirklich tot.»

Ich bin weder ein besonderer Freund der USA und ganz sicher nicht der amerikanischen Armee, doch was ich auf Albrook erleben durfte, das sprengte alle meine Erwartungen. Die Mitglieder quartierten mich in ihrem Gästezimmer ein (mit Wasserbett, was mir nicht besonders gefiel - ich schlief dann lieber auf dem Boden), sie halfen mir bei den diversen kleineren Reparaturen an meiner Maschine, und abends luden sie mich noch auf die Parties ein, die sie bei sich daheim veranstalteten. Bei den Knights lernte ich dann auch noch den Franzosen Gilbert und seine Freundin Jill kennen, die mit einer Honda Transalp von Texas her nach Panama fuhren - immer einige Tage hinter mir. Ich sah sie auch später nicht mehr, weil ich innerhalb weniger Tage bereits meine Weiterreise nach Kolumbien organisiert hatte.

Eigentlich hatte ich auch mehr oder weniger ernsthaft geplant, von Panama über den Darien Gap nach Kolumbien zu fahren. Doch die etwa 150 Kilometer, die der Panamericana zur vollständigen Komplettierung fehlen, haben es in sich - man muß nämlich mitten durch den Dschungel, wo es weder eine Straße noch überhaupt einen Weg gibt.

Es sind aber auch die gnadenlosen Mücken, der Dauerregen (Darien Gap ist die regenreichste Region der Welt) und vor allem der Papierkram, die ein solches Abenteuer fast unmöglich machen. Erst zweimal soll die Durchquerung bisher gelungen sein: Einmal bei einer großen Expedition mit Land-Rovern, die aus der Luft von Helikoptern unterstützt wurde, einmal von einem Amerikaner, der es mit einer 125er-Trial-Maschine und völlig ohne Gepäck geschafft haben soll. Die Liste der Gescheiterten ist bedeutend länger...

In den Straßen von Panama.

Weitertransport

Es gibt viele Möglichkeiten - und eine ist sehr einfach. Man fährt zum internationalen Flughafen, fragt dort nach dem Frachtraum von Copa, und schon ist das Problem gelöst. Ich bezahlte für meine rund 300 Kilo schwere Maschine samt Ausrüstung für den Flug nach Medellin in Kolumbien etwa 80 Dollar. Beim Verladen sollte man aber auf jeden Fall dabei sein, denn das Motorrad wird einfach flachgelegt und so gut es geht festgezurrt oder halt eben nicht, wenn man nicht aufpaßt. Der Flug für eine Person nach Medellin kostet dann mit Copa noch etwas über 100 Dollar. Diese Variante sollte man auf jeden Fall versuchen: Sie ist sehr bequem, sehr schnell und auch günstig. Ganz wichtig dabei: Unbedingt den Ausfuhrstempel für das Motorrad besorgen (Copa weiß, wo).

Alle anderen Versionen sind nicht so toll, wie sie auf den ersten Blick erscheinen. Manch eine Linie fährt nach Buenaventura oder Guayaquil in Ecuador, aber ein Treffer ist eher dem Zufall überlassen. In Colon (Tip: Pier 3) soll man immer wieder einen Frachter finden, der nach Cartagena (wenn es dumm geht über San Andres) tuckert und für etwa 100 Dollar auch ein Motorrad samt Paßagier an Deck mitnimmt.

Diese Variante hat verschiedene Nachteile: Man kann oft wochenlang warten, bis man ein Schiff findet, dann gehört die Überfahrt nach Cartagena so ziemlich zum Schlimmsten, was man auf See erleben kann, und schließlich sind die Zollbeamten von Cartagena für ihre penetrante Korruption bekannt - wer nicht zahlt, kriegt keine Stempel.

Die Kathedrale von Panama City.

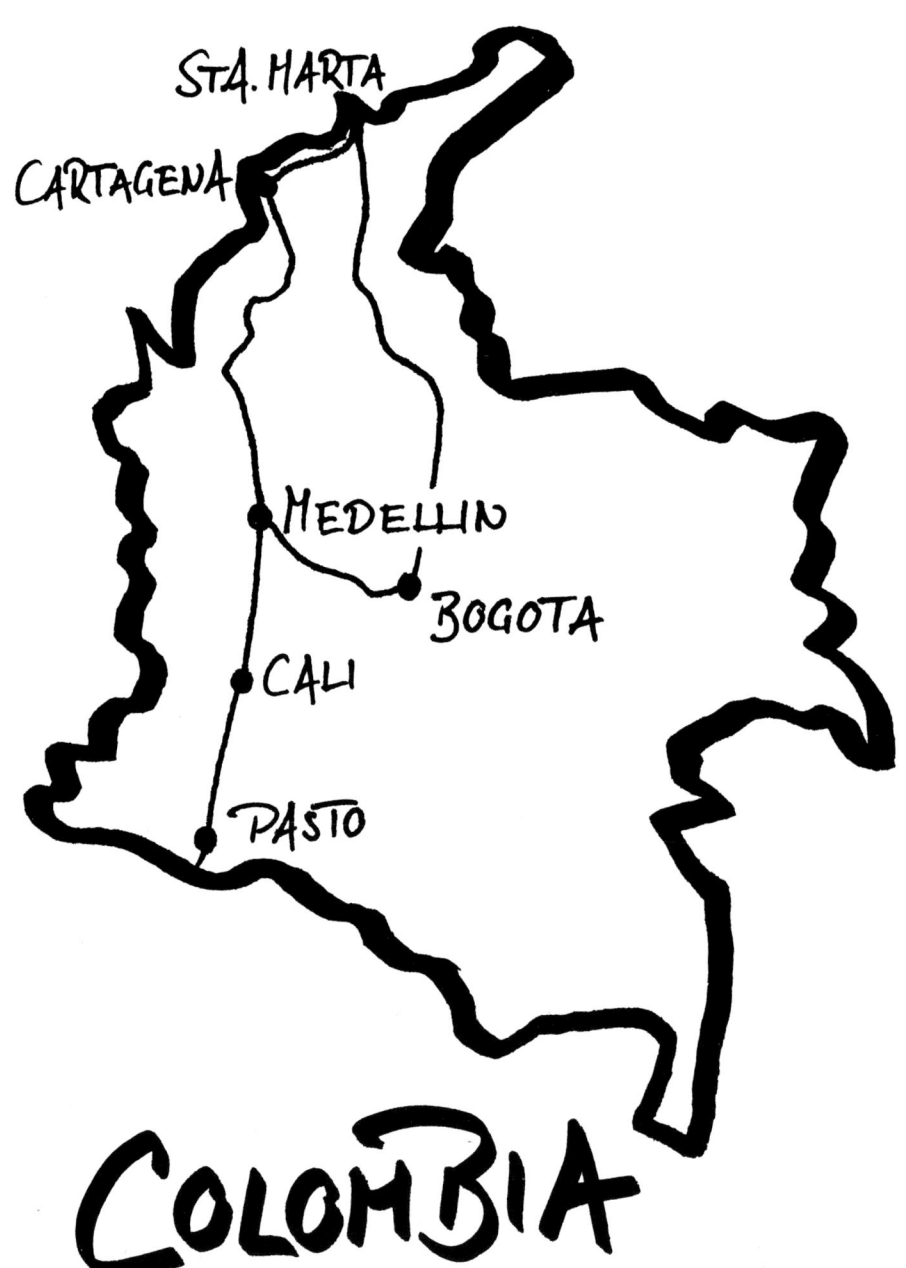

STA. HARTA
CARTAGENA
MEDELLIN
BOGOTA
CALI
PASTO
COLOMBIA

Colombia, mi amor

Drogen, Korruption, Terror - was alles wird nicht über Kolumbien geschrieben. Und der südamerikanische Staat ist auch ein dankbares Opfer, er wehrt sich nicht, es können alle Schreckensnachrichten verbreitet werden. Mord, Totschlag, Folter - Kolumbien ist der Inbegriff alles Bösen. Dreck, Armut, Seuchen - fürchterlich, dieses Kolumbien, dieses wohl schönste Land der Welt. Wie bitte? Ja, Sie haben schon richtig gelesen: Ich wage zu behaupten, daß Kolumbien das schönste Land der Welt ist. Nur schon deshalb, weil eigentlich kein Tourist nach Kolumbien fährt, der auf diese dummen und allerdümmsten Vorur-

teile hereinfällt. Und wenn diese Allerweltstouristen schon wegfallen, dann ist ein Land doppelt schön. Punkt.

Ich muß zugeben, ich beurteile Kolumbien auch nicht ganz wertfrei. Ich habe hervorragende Menschen kennengelernt in diesem Land, Menschen, die ich liebe und die ich immer wieder gerne besuche. Und ich habe Landschaften gesehen, die so traumhaft schön sind, daß ich sie gar nicht mehr beschreiben kann. Und ich war in Städten, in denen das Leben so wunderbar pulsiert, wie ich es sonst noch selten erleben durfte. Sicher, die meisten Menschen sind arm, na und? Es kommt eben

Straßenkirche: Zu Ehren des Autogottes werden Lampen geopfert.

darauf an, wie sie mit dieser Armut umgehen: Und mir ist ein Mensch ohne großartigen Besitz, der dafür fröhlich und glücklich und mit seinem Leben zufrieden ist, bedeutend lieber als ein alter, fetter, mürrischer Millionär, der sich in seinem Reiheneinfamilienhaus darüber aufregt, daß sein Nachbar schon wieder grilliert, bereits zum zweiten Mal in diesem Jahr. Sicher gibt es auch Dreck - na und? Den gibt es überall, wir entsorgen ihn einfach in hermetisch von der Umwelt abgeschlossenen Sondermüllbunkern. Wohl gibt es auch Seuchen - und das ist tragisch. Und da sollten wir uns nicht darüber beklagen, sondern besser helfen mit all unserem schönen Geld. Es mag auch stimmen, daß in Kolumbien die großen Drogenkartelle dieser Welt ein friedliches Leben führen. Das ist aber weniger ein kolumbianisches Problem, sondern eher das unse-

re - die Kolumbianer befriedigen nur die Nachfrage, die unsere, ach so tolle Gesellschaft für all diese Drogen schafft.

Er würde nie nach Kolumbien fahren, meinte ein Kollege, da würde er ja schon am Flughafen bis auf die Unterhosen ausgeraubt. Das ist schon möglich. Mir selber wurde noch nie etwas gestohlen, und ich habe schon einige Monate in Gebieten verbracht, die in der westlichen Welt als ganz besonders unsicher gelten. Na ja, ich muß zugeben, ich hatte dann weder eine Rolex am Handgelenk noch zwei Kameras vor der Brust, und auch das Lacoste-Shirt ließ ich daheim im Kasten: Wenn ich nämlich nichts habe, dann kann man mir auch nichts nehmen. Und wenn ich im sauberen, schönen und sicheren Zürich durch eine dunkle Gasse laufe und ganz laut schreie, daß ich 20'000 Franken in der Tasche habe, dann werde ich

Ein Ferientraum: So schön kann nur die Karibikküste sein.

Mehr paßt da beim besten Willen nicht mehr drauf!

mit Sicherheit auch im sauberen, schönen und sicheren Zürich ausgeraubt. Wer Terroristen sehen und zu spüren bekommen will, ich könnte ihm genau sagen, wo sie sind - ich selber war noch nie da, und ich wüßte auch nicht, was ich dort sollte. So einfach ist das.

Doch genug der Vorbemerkungen zu diesem außergewöhnlichen Land. In Panama hatten mich die Copa-Angestellten noch gewarnt, daß die Zollbeamten von Medellin eigentlich nur arbeiten, wenn man sie mit einigen Dollars schmiert. Doch nicht das war mein Problem als ich in Medellin auf dem Flughafen ankam, war es Freitag, drei Uhr nachmittags. Sollte der Papierkram nicht schnellstens in die Wege geleitet werden, so würde ich bis Montag warten müssen, ehe ich mein Motorrad wieder bekam.

Und genau das hatten die Herren und Damen vom Zoll anscheinend im Sinn. Doch sie machten dabei einen kleinen Fehler: Die provisorische Zollbaracke hatte nur einen Ausgang. In dem pflanzte ich mich mit meiner ganzen (1,89 Meter) Größe auf und erklärte den Beamten mit ruhiger Stimme und ganz sachlich, daß niemand den Raum verlassen werde, bevor nicht meine Papiere in Ordnung sind. Ich bin ja eigentlich ein ruhiger und besonnener Mensch, doch manchmal, manchmal muß man sich halt auf seine körperlichen Vorteile besinnen. Und siehe da, mit nur zehn Minuten Verspätung konnte die gesamte Belegschaft in ihr wohlverdientes Wochenende und ich hatte alle nötigen Stempel…

Nach diesem kleinen Nervenkitzel - man weiß ja nie, wie der

Kolumbianer auf eine solch offensichtliche Drohung reagiert - fuhr ich direkt ins Stadtzentrum von Medellin, in diese angebliche Ausgeburt des Bösen. Ich hatte die Stadt, die wunderbar in einem Talkessel liegt, schon bei früheren Reisen nach Kolumbien besucht und alles andere als schlechte Erfahrungen gemacht - und ich war auch diesmal wieder begeistert vom angenehmen Klima, das man gern als ewigen Frühling bezeichnen darf, von den freundlichen Leuten, die alles andere als potentielle Terroristen sind. Bis weit nach Mitternacht saß ich im Stadtzentrum in einer dunklen Bar, weder versuchte mir jemand Kokain zu verkaufen noch wollte mich jemand ausrauben. Ein schlechter Ruf verpflichtet eben nicht immer, und gerade Medellin zeigte sich von seiner besten Seite.

Medellin

Die Stadt des ewigen Frühlings und eine Stadt, die ihren so schlechten Ruf überhaupt nicht bestätigt. Sicher gibt es Stadtviertel, in die man sich als Gringo nicht unbedingt wagen sollte, doch die gibt es auch in New York. Was man aber wagen sollte, ist ein Ausflug in den Botanischen Garten (in der Nähe der Universität), wo man rund 1000 verschiedene Orchideen-Arten bewundern kann.

Hotels: Die besten: Intercontinental (Variante Palmas), Nutibara (Calle 52a). Das günstige: Residencial Doris (Carrera 45). Wer Zeit hat, sollte unbedingt das Dörfchen Antioquia besuchen, eine der ältesten Siedlungen Kolumbiens und rund 80 Kilometer nordöstlich von Medellin in einer netten Umgebung gelegen..

Das kann dauern: Einer der vielen Erdrutsche in Kolumbien.

Am nächsten Tag erwartete mich aber eine unschöne Überraschung: Die Straße von Medellin nach Bogota war von einem gewaltigen Erdrutsch blockiert. Entweder zurück nach Medellin und dort eine Woche warten - oder auf einem fürchterlichen Feldweg rund 70 Kilometer durch das Gebüsch fahren. Ich entschied mich für das Weiterfahren, was ich aber schnell bereute: Denn der Dauerregen hatte die schon bei trockenem Wetter miserable Straße so sehr aufgeweicht, daß mein Hinterrad oft bis zur Nabe im Schlamm steckte. Für ein paar wenige Kilometer mag diese Schlammschlacht ja noch Spaß machen, doch die Umleitung führte kreuz und quer durch das Hochland, über Pässe, auf denen es selbst Maultieren schwindlig werden würde, durch reißende Flüsse, durch Dörfer, in denen wohl noch nie ein Gringo auf einem Motorrad war. Acht Stunden brauchte ich für die 70 Kilometer, dreimal stürzte ich, einmal wegen eines Traktors, der mich in einer heiklen Abfahrt streifte. Als ich endlich wieder auf die richtige Straße kam, war ich völlig am Ende - und hatte noch rund 300 Kilometer vor mir bis Bogota, wo ich mich für den Abend bei meinen Freunden für das Nachtessen angekündigt hatte. Erst kurz vor Mitternacht kam ich in Chia an, etwas außerhalb von Bogota, wo meine Freunde Alberto und Maria-Elvira ein hübsches Häuschen bewohnen. Ich sagte noch guten Abend, stellte mich samt den völlig verdreckten Kleidern unter die Dusche und fiel nachher in einen zwanzigstündigen Tiefschlaf. Zwei Wochen blieb ich in Chia, erholte mich von den

Kolumbianische Verkehrsverhältnisse: Das kann knapp werden.

bisherigen Strapazen, überholte meine Superténéré, was allerdings kaum Arbeit gab, besuchte alte Freunde, fuhr nach Bogota, um meine Ausrüstung zu ergänzen - und schlief so viel, wie ich in meinem ganzen Leben wohl noch nie geschlafen hatte.

Bogota

Trotz der Größe (rund 7 Millionen Einwohner) eine der angenehmsten Hauptstädte Südamerikas. Allerdings ist es meist etwas kühl, denn Bogota liegt auf immerhin 2700 Metern Höhe.
Hotels: Die besten: Bogota Royal (Avenida 100, 8A-01, eines der besten Hotels Südamerikas), Los Urapanes (Carrera 13, 83-19).
Die günstigen: Santa Fe (Calle 14, 4-48), Residencia Aragon (Carrera 3, 14-13). Die Tips: Las Terrazas (Calle 54, 3-12), Hosteria de Candelaria (Calle 9, 3-11), Residencias Moreno (Transversal 33, 95-28).
Die Salzkathedrale von Zipaquira, eine zur Kirche verwandelte Salzhöhle rund 25 Kilometer nördlich von Bogota, lohnt einen Ausflug: Höchst imposant, doch leider stinkt es auch gewaltig. In Chia, zwischen Bogota und Zipaquira: Restaurant Andres Carne de Res, hervorragendes Fleisch und noch bessere Stimmung.
BMW-Ersatzteile findet man eventuell bei German Villegas Arango (Carrera 14, 1-13 Sur).

Doch nach zwei Wochen hatte ich genug der Ruhe, ich mußte weiter, nicht ohne meinen Freunden zu versprechen, daß ich nach Beendigung meiner Reise von Chile wieder nach Kolumbien fliegen würde, um dort Weihnachten zu verbringen. Und als ich von Chia in Richtung Bogota fuhr, stach mich der Hafer: Ich wollte plötzlich nicht mehr direkt gegen Süden fahren, sondern bog nach Norden ab, um via der Atlantikküste einen kleinen Umweg von rund 2000 Kilometern zu machen. Über das Hochland von Boyaca wollte ich nach Cartagena an der karibischen Küste fahren, von dort weiter nach Medellin und dann erst nach Ecuador. Ein wenig hirnrissig, sicherlich, doch ich wußte, daß sich jeder einzelne Kilometer lohnen

Der hat wohl ein Rad ab!

würde, denn ich hatte diesen Weg schon auf früheren Reisen erleben dürfen, damals allerdings nur im Bus, so daß ich mir von der Fahrt mit dem Motorrad noch eine Steigerung erwartete.

Die erste Etappe führte mich bis Villa de Leiva, das für mich eines der schönsten Erlebnisse von ganz Südamerika ist. Wunderbar inmitten von grünen Hügeln gelegen, gefällt Villa de Leiva mit seiner ruhigen Abgeschiedenheit und dem gewaltigen Plaza Bolivar, der fast 400 Meter Durchmesser hat. Und wenn einem Villa de Leiva auf den Bildern bekannt vorkommt, so liegt das daran, daß es oft als Drehort für Western oder auch höherstehenden Filmen benutzt wird, so auch «Cobra Verde» von Werner Herzog.

Villa de Leiva

Einer der schönsten Orte von ganz Südamerika, ein Dörfchen, in dem die Zeit stehengeblieben scheint, perfekt im Kolonialstil erhalten. Auf jeden Fall eine Reise wert - und sicher auch ein paar Tage der Ruhe.

Hotels gibt es viele, die meisten sind auch sehr nett, doch wer nach Villa de Leiva fährt, sollte auf jeden Fall im «El Molino de Mesopotamia» übernachten - das ehemalige Kloster am Dorfrand ist jeden Peso wert!

Über bis zu 3500 Meter hohe Pässe und vorbei an schwindelerregenden Abgründen ging es dann weiter nach Bucaramanga, das bekannt dafür ist, daß dort Ameisen

Villa de Leiva: Die Plaza ist von imposanter Größe.

fritiert werden. Serviert in Papiertüten, sehen die Krabbeltiere nicht nur aus wie Erdnüßchen, sie schmecken auch so. Die Hauptstraße gegen Norden ist in einem guten Zustand, trotzdem muß man höllisch aufpassen, denn die Lastwagen- und vor allem die Busfahrer halten sich überhaupt nicht an die Verkehrsregeln - auf der Straße gilt das Recht des Stärkeren. Vor allem im Gebirge kann es da zu häßlichen Situationen kommen, wenn einem aus einer unübersichtlichen Kurve wieder ein schwarzer Laster auf der eigenen Fahrspur entgegen kommt. Hier sollte man auf jeden Fall immer die Hand an der Bremse haben.

Schöne Überraschung!

Bucaramanga

Rund 400 Kilometer nördlich von Bogota, sehr angenehmes Klima.
Hotels: Das beste: Chicamocha (Calle 34, 31-24). Das günstige: El Pilar (Calle 34 mit Carrera 25). Der Tip: Bucarica (am Hauptplatz).
Eine Art Garten Eden findet man in Floridablanca, ca. acht Kilometer südwestlich von Bucaramanga.

Nach Bucaramanga geht es steil hinunter in die Tiefebene, die bis an die karibische Küste reicht. Hier ist die Straße nicht mehr ganz so gut, viele Löcher säumen den Weg, oft wird man von Militärpatrouillen angehalten und manchmal auch bis auf die Unterhose durchsucht - hier muß man auf jeden Fall die Ruhe bewahren und ja keine nervösen Bewegungen machen.

Landschaftlich bietet diese Region wenig Aufregendes, doch es ist wunderbar warm und man kann gut im T-Shirt fahren. Und die langen Geraden reizen, den Gashahn voll offen stehen zu lassen, was mit der Superténéré auch wirklich Spaß macht, denn auch vollbeladen marschierte meine Maschine gegen 170 km/h. Wer so zügig unterwegs ist, muß noch mehr aufpassen, sind doch die Südamerikaner solche Geschwindigkeiten nicht gewohnt.

Der Strand von Taganga: Hier läßt es sich leben.

Santa Marta

Verschlafene Karibikstadt, schon 1525 gegründet, sehr heiß, aber der optimale Ausgangspunkt für interessante Ausflüge. Zum Beispiel die Ciudad Perdida: Zusammen mit Macchu Picchu in Peru sicher die interessanteste Stätte altindianischer Kultur. Zu Fuß in einer einwöchigen, beschwerlichen Exkursion erreichbar der Helikopter macht es schneller, aber auch viel teurer. Das schönste Hotel von Santa Marta liegt etwa 10 Kilometer außerhalb im Dörfchen Taganga und heißt «Bailena Azul». Sehr schön und auch günstig.

Nach einem Tag am Strand, im weißen Sand und dem blauen Meer von Taganga zog es mich schon wieder weiter - ich wollte, ich mußte einfach nach Cartagena, die für mich schönste Stadt der Welt. Doch die etwa 150 Kilometer der Küste entlang haben es in sich: Die Hitze ist drückend, und es weht dauernd ein heftiger Wind vom Meer her, der das Motorradfahren nicht gerade angenehm macht. Doch bei aller Eile sollte man die Augen nicht von der Landschaft nehmen, die Sümpfe von Cienaga sind es wert. Mutige können auch einen Ausflug ins Chaos von Barranquila machen.

Cartagena

Die schönste Stadt der Welt

*Als hätte jemand das Licht ausge-
schaltet, bricht die Nacht herein. Für
einen Moment sehe ich die Schach-
figuren nicht mehr, mit denen ich
dem alten Gonzalo auf der Plaza
Bolivar zeigen will, daß mir die karibische Hitze das Hirn nicht voll-
ständig ausgetrocknet hat. Dann
kommen die Laternen, und mit den
Laternen die Mosquitos, und mit
den Mosquitos die Touristen, die
lärmend in einer Bar verschwinden, es dürfte wohl das in den Reiseführern viel gelobte «Paco's»
sein, das aber außer einer brutal
kühlenden Klimaanlage und miserablem Sangria wenig zu bieten
hat. Ich könnte es ihnen ja sagen,
daß sie im «Quemado», wo auch
schon Filme mit Eroll Flynn und
Marlon Brando gedreht wurden,
besser aufgehoben wären. Oder sie
könnten im «Vitrola» einen Trago
nehmen, vielleicht aguardiente, den
lokalen Anisschnaps. Aber es ist
gar nicht nötig: Diese lärmenden
Touristen sind auch so glücklich
und zufrieden.
Genau das macht Cartagena so ein-
zigartig. Man läßt sich von einer
karibischen Lebenslust anstecken,
die einmalig ist. Man beklagt sich
nicht darüber, daß die Hitze schwei-
nisch und die Luftfeuchtigkeit er-
schlagend ist - es muß einfach so
sein. Man tanzt Merengue (die ero-
tische Version von Lambada), man
trinkt in einer dieser sägemehlbe-
streuten Bars farbige Drinks. Man*

*tut oft auch gar nichts. Man schlen-
dert unendlich langsam durch die
engen Gassen der Altstadt und
fühlt sich in die gar nicht glorrei-
che Kolonialzeit zurückversetzt,
man trinkt in der Calle de las Da-
mas einen frischen Fruchtsaft, man
schaut in der Calle Santo Domingo den fußballspielenden Kindern
zu oder vielleicht einer kurz-
berockten kolumbianischen Schönheit nach und das Leben ist so, wie
man es sich schon immer ge-
wünscht hat. Alles ist Ruhe: Vor allem im Geist.
Cartagena ist architektonisch eine
der schönsten Städte der Welt. In
den letzten Jahren mit Geld der
UNO fast komplett restauriert, prä-
sentiert sich die Hafenstadt heute
wunderbar herausgeputzt, die Häuser im Kolonialstil erfreuen das Auge mit frischen Farben, ihren hand-
geschnitzten Holzbalkonen, ihren
holzvergitterten Fenstern, ihren
Patios, den Innenhöfen, in denen
sich das ganze Menschen- und
Pflanzenleben abspielt. Und weil
die Altstadt so schön, so eng ist,
können die Touristen hier dem Leben nur zuschauen und es genießen, wohnen müssen sie draußen
vor der Tür, auf der einige Kilometer entfernten Halbinsel Bocagrande mit ihren überfüllten Strän-
den und den Hochhaushotels. Da
gibt es all die feinen Hotels, die Sheratons und Hiltons.
Und auf Bocagrande gibt es auch*

das Hotel «Caribe», das vielleicht schönste Gasthaus von ganz Südamerika. Wer sich den Luxus leistet, der mit umgerechnet 120 Franken pro Nacht im Vergleich zu besagten Sheratons und Hiltons gar keiner ist, der sollte allerdings über eine gewisse Dekadenz erhaben sein. Die Zimmer sind so groß wie ein Hallenbad, der lautlose schwarze Kellner ist schon zur Stelle, bevor man überhaupt daran gedacht hat, noch einen Drink zu bestellen, und im Garten kann man in aller Ruhe flanieren, wie das einst wohl auch die Töchter der reichen Sklavenhändler von Cartagena getan haben. Hat man sich mit dem Aufenthalt im «Caribe» noch nicht genug Gutes getan, so kann man abends noch auf der wunderbaren Terrasse des «Club de Pesca» speisen, wo Fisch und Meeresfrüchte in einer Qualität serviert werden, die das Leben noch lebenswerter machen.

Der Tourist sollte die Umgebung von Cartagena schon in den ersten Tagen seines Aufenthalts erkunden. Denn wenn ihn der Zauber der Perle der Karibik erst einmal gepackt hat, so wird er sich weigern, auch nur einen Schritt aus dieser traumhaften Stadt zu tun. Dabei könnte er im nahen San Jacinto die schönsten Hängematten von ganz Südamerika kaufen, er könnte sich auch mit einem Boot zu den Rosario-Koralleninseln fahren lassen und sich dort an einem absolut einsamen Strand in die klaren Fluten

der Karibik stürzen, oder er könnte einen Abstecher wagen nach Mompos, wo es nicht nur noch viel heisser ist als in Cartagena, sondern auch einen zwölfeckigen Kirchturm, Trottoirs von einem Meter Höhe und das wohl besterhaltene Kolonialdorf Kolumbiens zu bewundern gibt.

Die Stadt lächelt. Sie lächelt ruhig und zufrieden wie ein alter Mann, der sein Leben eigentlich schon hinter sich hat und jetzt jeden neuen Tag als ein Geschenk des Himmels betrachtet. Sie lächelt mit der Gewißheit der Siegerin, die um ihren Charme und ihre Faszination genau weiß. Sie lächelt, weil sie schon alle erdenklichen Stürme über sich ergehen lassen mußte, ohne daß irgendjemand ihr etwas anhaben konnte. Zwar plünderte der berüchtigte Pirat Sir Francis Drake 1586 die Stadt, preßte sie wie der Franzose de Pontis et Ducasse 1697 bis auf den letzten Goldklumpen aus. Zwar stand der englische Admiral Vernon 1741 mit 186 Schiffen, 2070 Kanonen und 27'000 Mann vor den 12 Meter hohen und 17 Meter dicken Stadtmauern, um sie dem Erdboden gleichzumachen - doch er hat es nicht geschafft, genausowenig, wie es die kanadischen Touristen schaffen, der Stadt nur einen Hauch ihres Charmes zu nehmen. Aber die wohnen ja auch in den Hiltons und Sheratons und vom «Caribe» und dem «Club de Pesca» haben sie noch nie etwas gehört. Cartagena hat gut lachen.

Hotels in Cartagena: Der Tip: Caribe (siehe oben, Bocagrande, Carrera 1, 1-114). Die günstigen: La Sultana (Avenida San Martin, 7-44), Santo Domingo (Calle Santo Domingo, 33-46), Venezia (Calle del Guerrero, 29-108).

Von Cartagena fuhr ich dann wieder ins Landesinnere, zuerst in die Hitze der Rio-Magdalena-Ebene, dann wieder in die Höhe der Berge rund um Medellin. Gerade dieser Abschnitt der Reise macht dem Europäer mit Heimweh das Herz ein wenig leichter: Die Berge erinnern an die Alpen, die Straßen sind so schön wie die Päße der Schweiz, bloß ist alles viel grüner. Rein vom Fahrerlebnis her sind diese Andenausläufer vor und nach Medellin etwas vom

Koloniales Cartagena: Für mich die schönste Stadt der Welt.

schönsten, was sich ein Motorradfahrer nur vorstellen kann.
Auch deshalb, weil es dann in
Richtung Cali auch wieder schön
warm wird. Sicher hatte das auch
mit meiner großen Sympathie für
Kolumbien zu tun, doch für mich
war dieser Abschnitt der Reise einer der besten, ich fühlte mich so
wohl wie sonst nur selten auf den
gesamten 25'000 Kilometern zwischen Alaska und Feuerland. In
Cali besuchte ich dann ebenfalls
alte Freunde, die mir einen sehr
netten Empfang bereiteten.

Cali

*Südamerika, wie man es sich
vorstellt: Heiß, hübsche
Mädchen, Männer, die sich dauernd zwischen den Beinen krat-
zen, kaputte Häuser allerorten
und überall Musik.*
*Hotels: Das beste: Interconti-
nental (Avenida Colombia, 2-
72). Die günstigen: Rio Cali
(Avenida Colombia, 9-80),
Miami (Carrera 7, 13-57). Die
Tips: Hotel Stein (Avenida 4
Norte, 3-33), La Merced (Calle
7, 1-65).*

Saftiges Grün: Das kolumbianische Hochland begeistert farblich.

Nach Cali steigt die Straße wieder an, man kommt jetzt in die richtigen Anden, was man auch daran merkt, daß kaum mehr Verkehr herrscht. In diesen Gebieten zwischen Popayan und Pasto soll die Guerilla sehr aktiv sein, wovon ich allerdings gar nichts bemerkte: Mir fiel nur positiv auf, daß keine Militärkontrollen mehr meine Fahrt behinderten. Was mein zügiges Vorwärtskommen allerdings heftig erschwerte, war ein Erdrutsch, der die Straße auf rund 100 Metern Länge komplett blockiert hatte. Das hieß ganz einfach einige Stunden warten, bis die Fahrgäste der verschiedenen Busse die Straße wieder freigeschaufelt hatten, was sie anscheinend gewohnt sind, denn keiner murrte oder beklagte sich, weil es eine mehrstündige Verspätung absetzte. Mir kam die große Ehre zu, den Schlamm als erster zu durchfahren, nachdem ein Teil des Erdreichs weggeschaufelt war. Was danach kam, war eine einzige Kurve: Links, rechts, hoch, runter, die Straße zwischen Popayan und der Grenze von Ecuador ist eine riesige Achterbahn - was mir großen Spaß machte.

Popayan

Ein ruhiges Städtchen in den Bergen, in dem es in der Nacht bitter kalt werden kann.
Hotels: Das beste: Monasterio (Calle 4, 10-50). Die günstigen: Casa Grande (Carrera 6, 7-11), La Casona de Virrey (Calle 4, 5-78). Der Tip: Hostal Santo Domingo (Calle 4, 5-14).

Alte Kiste: Viele Autos sind nur noch wenig straßentauglich.

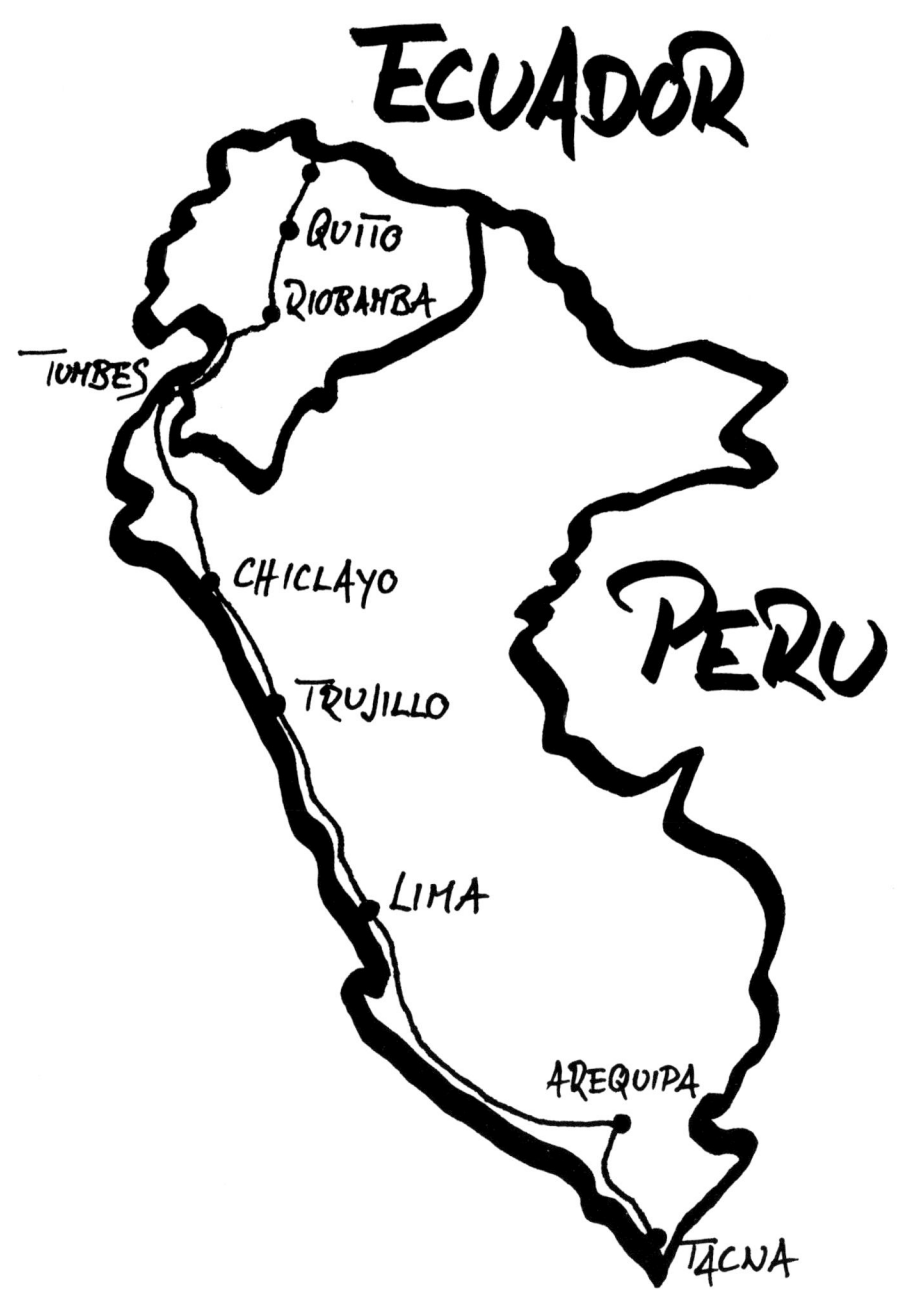

ECUADOR

QUITO
RIOBAMBA
TUMBES
CHICLAYO
TRUJILLO
LIMA
PERU
AREQUIPA
TACNA

Und tschüß...

Vor einigen Jahren war ich schon einmal von Kolumbien nach Ecuador gekommen, damals allerdings auf einem ebenfalls sehr abenteuerlichen Weg: Zuerst durch die Mangrovensümpfe an der Küste, dann mit etwas Ähnlichem wie einer Eisenbahn in die Berge hoch nach Ibarra. In Ibarra machte ich auch meine erste ecuadorianische Rast auf dieser Reise - und das völlig durchnäßt, denn es hatte der Himmel seine Pforten wieder einmal weit geöffnet. Was eigentlich sehr schade war, denn die Anden-Landschaft wäre sicher einen Blick wert gewesen, doch leider blieb mir die Aussicht im Regen und Nebel verwehrt. Dafür ist der Zustand der (Haupt-)Straßen in diesem kleinen Land sehr erfreulich: Kaum Schlaglöcher, dafür viele Kurven - ein wahres Paradies für Motorradfahrer. Trotz all der landschaftlichen Schönheiten ist mir Ecuador aber wenig sympathisch. Das liegt hauptsächlich an seinen Einwohnern, die, freundlich ausgedrückt, wenig flexibel sind, was sich selbstverständlich auch auf der Straße bemerkbar macht: Vor allem die Fahrer der PS-starken Busse fahren wie die Henker, ohne jede Rücksicht auf eigene oder fremde Verluste. Unschöne Bilder, manchmal.

Nicht mehr so gut in Form wie auch schon: Die Superténéré.

Der Markt von Otavalo: Es gibt viel zu sehen und zu kaufen.

Ibarra

Schöne Kolonialstadt kurz nach der Grenze. Eignet sich auch hervorragend als Ausgangspunkt für Ausflüge.
Hotels: Das beste: Hosteria Chorlavi (rund zwei Kilometer südlich von Ibarra). Das günstige: Residencia Imbabura (Flores mit Navarez). Der Tip: Hosteria San Agustin (rund ein Kilometer südlich von Ibarra).

Nachdem ich es mir für eine Nacht in Ibarra gemütlich gemacht hatte, fuhr ich schon früh am nächsten Morgen los: ich wollte unbedingt den Markt von Otavalo besuchen, der völlig zu Recht als der wohl schönste von ganz Südamerika gilt. Hunderte von Kilometer reisen die Indios (und Touristen) jeden Samstag an, um ihre Waren auf den großen Plätzen rund um die Kirche zu verkaufen. Und es ist wirklich ein Genuß, langsam durch die vielen Verkaufsstände zu schlendern, auf denen von Lamawolle bis zu exotischen Gewürzen wirklich alles verkauft wird. Leider müssen Ausländer für all diese Schönheiten einen hohen Preis bezahlen - wenn der Gringo etwas kaufen will, dann muß er mindestens den doppelten Preis hinlegen.

Otavalo

Die Stadt mit dem wohl berühmtesten Markt von ganz Südamerika, der immer am Samstag stattfindet - ein Muß für jeden Touristen.
Hotels: Das beste: Yamor Continental (im Nordosten, an der Avenida Bolivar). Die günstigen: Otavalo (Roca mit Montalvo), Residencias El Rocio (Morales). Der Tip: Am südwestlich von Otavalo liegenden Lago de San Pablo befindet sich die Hosteria Cusin, ein prächtiges altes Haus mit viel Flair, das von einem kauzigen Engländer geführt wird.

Doch in Otavalo ist nicht nur der große Markt faszinierend, etwas außerhalb der Stadt wird am frühen Morgen auch Vieh verkauft. Ich selber hatte ja eigentlich wenig Interesse an einem der Geißböcke, er aber schien völlig vernarrt in meine Yamaha zu sein und sprintete mir sogar nach. Wäre ich nicht umgekehrt und hätte das Tier wieder bei seinem Besitzer abgeliefert, es wäre mir wohl bis Quito gefolgt.

Auch ich schien ein wenig verwirrt von der Aktion des Geißbocks, denn obwohl ich mir eigentlich fest vorgenommen hatte, bei der Überquerung des Aequators ein Erinnerungsfoto zu machen, donnerte ich einfach am wirklich nicht übersehbaren Monument der Mitte der Welt vorbei. Daß ich den großen Augenblick verpaßt hatte, das merkte ich erst, als ich schon mitten im Verkehr von Quito drin war. Doch wenn es einmal rollte, dann war ich durch nichts mehr zu bremsen.

Die Matrone: Ob sie wohl alles selber ißt?

Quito

Für eine Hauptstadt nicht un-angenehm. Doch aufgepaßt, die Stadt liegt auf fast 3000 Metern Höhe und die Luft ist nicht die beste. Zwischen Alt- und Neu-stadt ist auch geographisch ein großer Graben.

Hotels: Die besten: Luxushotels gibt es zu Dutzenden, aber ganz besonders zu empfehlen ist das Alameda Real (Amazonas mit Roca). Die günstigen: Residen-cia Reina Victoria (Luis Corde-ro 1450), Residencia Portovie-jo (Portoviejo mit Americas), Montufar (Sucre 162, im Zen-trum), Grand (Rocafuerte 1001, in der Altstadt). Die Tips: Am-bassador (9 de Octubre mit Co-lon), Embassy (Presidente Wil-son mit 6 de Diciembre).

Für Karten und Bücher: Libri Mundi (J.L.Mera 851).

Rund 20 Kilometer nördlich von Quito befindet sich Mitad del Mundo, das Aequator-Monu-ment. Zwar steht da auch ein Mu-seum, doch zu sehen gibt es we-nig - es geht um das Gefühl.

Eigentlich hatte ich Quito von anderen Reisen in guter Erinne-rung, obwohl ich einmal an einem fürchterlichen soroche, der Höhen-krankheit, gelitten hatte, doch ir-gendwie machte mir die Stadt diesmal keinen Spaß. Ich trieb mich ein wenig in der engen Alt-stadt herum, saß in einigen Cafés im neuen Teil, leistete mir am Abend auch eine gute Mahlzeit - und doch kam nicht so recht Freu-de auf. Auch wenn ich es mir sel-ber nicht so recht eingestehen wollte - ich hatte nach fast vier Mo-

Da staunten die Laien: Die Yamaha sorgte oft für Aufregung.

naten einfach genug, nicht vom Fahren, aber von meiner Reise. Immer allein, das mehrheitlich schlechte Wetter, die körperlichen Anstrengungen: Ich war in Quito nahe daran, den ganzen Bettel hinzuschmeißen und mich einfach ins nächste Flugzeug zu setzen, zurück nach Hause oder zu meinen Freunden in Kolumbien. Doch ich mußte mich ganz einfach zusammenreißen, ich wollte es bis Feuerland schaffen, das war ich mir selber schuldig und überhaupt, ich war fast ohne Probleme schon rund 20'000 Kilometer weit gekommen, da konnte ich nicht wegen ein bißchen Unlust einfach aufgeben. Und noch etwas gab es, was mich an Quito störte: Es tummelten sich einfach zu viele europäische Lehrer und sonstige Gringo-Alternative in der Stadt, zwei Menschentypen, die mir von Grund auf unsympathisch sind...

Am nächsten Morgen fuhr ich eigentlich wieder guten Mutes weiter - und die Straße der Vulkane entschädigte mich vollauf für alle Anstrengungen. Was man auf dem Weg von Quito nach Süden an landschaftlichen Schönheiten zu sehen bekommt, das übersteigt wirklich jede Beschreibung. Die Straße führt durch ein tiefes Tal, und auf beiden Seiten türmen sich zum Teil über 6000 Meter hohe Vulkane auf. Ich hatte auch einmal Glück mit dem Wetter, zwar schien die Sonne nicht, doch hatte ich jederzeit einen wunderbaren Ausblick auf die imposanten, schneebedeckten Riesen.

Riobamba

Nicht die aufregendste Stadt der Welt, aber trotzdem schön anzuschauen. Außerdem kann man hier bei gutem Wetter die Aussicht auf die drei Vulkane Chimborazo, Altar und Tunguruhua genießen.
Hotels: Das beste: Hosteria La Andaluza (16 Kilometer südlich von Riobamba am Fuss des Chimborazo). Die günstigen: Los Shiris (10 de Agosto mit Rocafuerte), Zeus (Borja 4139), Imperial (Rocafuerte 2215).

Hochandine Verhältnisse.

Nach Riobamba fuhr ich nicht weiter nach Cuenca, sondern bog in Richtung Küste ab. Ich hätte mir aber die Karte genauer ansehen sollen, denn die Straße stieg unaufhörlich an, es wurde immer kälter, der Motor begann schon zu stottern, weil er kaum mehr Sauerstoff bekam: Kein Wunder eigentlich bei einem Paß, der knapp 4500 Meter hoch ist. Doch das Schlimmste sollte erst noch kommen. Von der Paßhöhe ging es nämlich in wohl Tausenden von Kurven nur noch bergab - bis auf Meereshöhe. Als ich nach mehrstündiger Kurvenfahrerei endlich unten ankam, wollten nicht nur meine Bremsen nicht mehr so recht, vor allem hatte ich absolut keine Kraft mehr in den Armen. Und als ich dann noch etwas heftig über einen Bahnübergang donnerte, machten sich erst noch mit einem Schlag meine beiden Sei-

tenkoffer selbständig, sie waren ganz einfach aus der Verankerung gebrochen. Kleine Dinge, doch sie ärgerten mich unverhältnismäßig, weil mir die Reiselust ziemlich vergangen war.

Endlich unten angekommen, durfte ich dann stundenlang durch Bananenplantagen fahren. Das ist landschaftlich zwar wenig reizvoll, hatte aber einen nicht zu unterschätzenden Vorteil, denn Bananen wachsen nur dort, wo es auch wirklich schön warm ist. Und es ist doch immer wieder ein Genuß, einfach im T-Shirt und schön langsam durch die Gegend zu bummeln. Trotzdem war ich ganz schön zügig unterwegs, und ich konnte mir überlegen, ob ich noch in Ecuador oder erst in Peru übernachten sollte. Ich entschied mich für Peru, obwohl ich ein wenig Angst vor dem Land hatte, von dem ich wenig Gutes gehört hatte.

Begegnung in der Einöde: Manchmal gab es wenig zu sehen.

Wenig aufgeräumt: Machala wirkt nur bedingt sympathisch.

Machala ⟨38⟩

Bananenstadt - und es gibt eigentlich keinen Grund, hier allzu lange zu verweilen. Hotels: Das beste: Rizzo (Guayas mit Bolivar). Das günstige: Mosquera (Alamedo mit Guayas)

Huaquillas ⟨39⟩

Auch aus dieser feuchtheißen Grenzstadt sollte man sich so schnell wie möglich verabschieden. Hotel: Guayaquil (gegenüber Grenzposten).
Tip: Geld kann man an der Grenze nur zu einem miserablen Kurs wechseln, und man darf auch davon ausgehen, daß man von den Geldwechslern (erkennbar an ihrer schwarzen

Handtasche) mit Sicherheit übers Ohr gehauen wird. Am besten erkundigt man sich bei Touristen, die aus Peru kommen, nach dem ungefähren Wechselkurs und versucht, mit ihnen ins Geschäft zu kommen.

Das schlechte Gefühl bestärkte sich noch bei der umständlichen Grenzkontrolle, die wieder nur mit tatkräftiger (und teurer) Hilfe von einem frechen Burschen einigermaßen schnell über die Bühne ging. Immerhin war der Chef der peruanischen Grenzer sehr freundlich, erklärte mir, daß er schon einige Gringos auf Motorrädern habe vorbeikommen sehen, aber noch nie sei jemand so wahnsinnig gewesen, die Reise ganz allein zu wagen. Er ließ mich auch einen

Blick in sein großes schwarzes Buch werfen, in dem alle Grenzübertritte verzeichnet waren, aber leider war weit und breit nichts von anderen Motorrädern zu sehen, denen ich mich vielleicht hätte anschließen können.

In Tumbes, der ersten Stadt nach der Grenze, suchte ich mir dann ein Hotel. Und diesen Aufenthalt sollte ich noch lange in Erinnerung haben. Nicht etwa, weil das Hotel so schlecht war oder weil ich mit den Peruanern erste schlechte Erfahrungen gemacht hätte, nein, aber ich machte den Fehler, mir auf dem Markt aus einem der vielen Töpfe etwas zu essen zu kaufen - und handelte mir prompt Amöben ein, ein Reisesouvenir, auf das ich eigentlich gern verzichtet hätte. So richtig bemerkbar machten sich die Viecher zwar erst zwei Tage später, dafür begleiteten sie mich dann während der ganzen Reise und sind auch heute noch manchmal zu Scherzen mit meinem Magen und vor allem dem Darm aufgelegt.

Tumbes

Eine Grenz- und Garnisionsstadt, die eigentlich wenig zu bieten hat, außer daß sie bedeutend angenehmer ist als Machala oder Huaquillas auf der ecuadorianischen Seite.
Hotels: Das beste: Turistas (Plazuela Bolognesi). Das günstige: Cordova (J.R. Abad Puell 777).

Und da Tumbes auch sonst nicht unbedingt die Stadt war, in der ich den Rest meines Lebens möchte verbringen müssen, machte ich mich am nächsten Morgen schon wieder früh auf den Weg. Ich wollte Peru so schnell wie möglich hinter mir lassen, hatte ich doch einfach zu viele Schauergeschichten

Wüste Bilder: Vor lauter Sand ist die Yamaha kaum mehr zu sehen.

gehört. Sein Kollege sei mitten in der Wüste ausgeraubt worden, von vier Polizisten ausgeraubt buchstäblich bis auf die Unterhosen, erzählte mir ein kolumbianischer Freund. Ja, sie habe eine Freundin, die sei vergewaltigt worden, mitten in Lima, erzählt mir eine brasilianische Kollegin. Eine Familie aus dem Nachbardorf sei brutal maßakriert worden, als sie mit ihren Auto auf dem Weg von Chile nach Ecuador war, erzählt mir ein chilenischer Bekannter. Also Peru, das sei wirklich zu gefährlich, ein ganz schlimmes Land, in dem man jeden Augenblick um sein Leben fürchten müsse. Vorurteile? Nun, ich war da - und ich lebe noch, ich wurde auch nicht vergewaltigt und auch nicht ausgeraubt. Also wirklich nur Vorurteile? Nein, nein und nochmals nein: Denn hinter jedem Vorurteil steckt ein Funke Wahrheit. Und diese Wahrheit ist in Peru erschreckend.

Der Peruaner ist ein unfreundlicher Mensch, schon die Frage nach dem Weg wird meist nur mit einem giftigen Knurren beantwortet. In die Augen schauen einem die Peruaner dabei ungern, wie sie überhaupt einen wenig ehrlichen Eindruck machen. Wer in Peru unterwegs ist, wird sich ständig bedroht fühlen - es ist einfach ein verdammt ungutes Gefühl, man fühlt sich dauernd als potentielles Raubopfer. Ich zumindest.

Chiclayo

Architektonisch sehr interessante Stadt mit einem wunderbaren Gemisch zwischen indianischer, kolonialer und auch afrikanischer Kultur.
Hotels: Das beste: Garza (Bolognesi 756). Die günstigen: Inca (L. Gonzalez 622), Hostal San Ramon (Heroes Civiles 169).
Ab Chiclayo sind interessante Ausflüge für alle, die sich für indianische Kultur interessieren, möglich.

Also schnell weg und weiter. Wobei - schnell geht auf peruanischen Straßen eigentlich gar nichts. Denn in Peru ist die Arbeitslosigkeit besonders auf dem Land sehr hoch, und deshalb hatte

Montezumas Rache?

die Regierung eine glänzende Idee: Die Arbeitslosen sollten die Straßen reparieren, die sich in einem wirklich verheerenden Zustand befinden, und die Autofahrer würden dann an den jeweiligen Baustellen einen kleinen Obolus entrichten, auf freiwilliger Basis selbstverständlich, als Dank für die geleistete Arbeit. Leider ging die Rechnung überhaupt nicht auf, denn müßte man als Autofahrer bei jedem reparierten Loch ein paar Inti löhnen, so wäre auch ein Millionär nach zehn Kilometern bankrott. Also bezahlt man nicht - sondern gibt Vollgas, denn die «Bauarbeiter» bedrohen jeden, der kein Geld aus dem Fenster schmeißt, mit ihren Hacken und Schaufeln. Und das kann sehr unangenehm werden, wie ich am eigenen Leib verschiedentlich erfahren durfte. Und noch etwas: Die Straße wurde mit diesem Arbeitslosenprogramm keinen Deut besser, ganz im Gegenteil. Denn der Peruaner, prinzipiell eher als etwas arbeitsscheu zu bezeichnen, repariert die Straße am liebsten vor seinem Haus, er hackt also ein Loch und schaufelt es dann wieder zu, damit der Eindruck entsteht, er habe die Straße repariert und Anspruch auf sein «Arbeitslosengeld». Diese aber befindet sich gerade deshalb in einem weit schlimmeren Zustand als je zuvor.

Und im Norden von Peru kommt noch etwas erschwerend dazu: Der Sand. Zwar hatte ich meine helle Freude an der Wüste, ich liebe es eigentlich auch, auf Sand zu fahren, doch mit 30 Kilo Gepäck auf dem Hinterrad ist das Vergnügen ein kleines. Und bei mir kam dann noch erschwerend dazu, daß ich erstmals ernsthafte Probleme mit meiner Superténéré hatte: Die Spannung der Kette löste sich immer mehr in Luft auf. Ohne Saft und Kraft schlich ich dahin, bis ich endlich in Trujillo einen Mechaniker fand, der mir helfen konnte, denn den Schlüssel für die Befestigung des Hinterrades hatte ich vorsichtshalber in Kolumbien vergessen…

Lustig ist das Zigeunerleben?

Trujillo

Gegründet von Pizarro im Jahre 1536, ist Trujillo bis heute eine Stadt im spanischen Kolonialstil geblieben. Bemerkenswert auch die vielen Asiaten, die der Stadt (und vor allem ihrer Küche) ihr ganz eigenes Gepräge geben. Hotels: Die besten: Opt Gar (Grau 500), Turistas (Plaza de Armas. Die günstigen: Vogi (Ayachucho), Hosteria Recreo (Astete 647). Der Tip: Hosteria El Sol (außerhalb des Zentrums, beim Park Ramon Castilla).

Na ja, auch Trujillo vermochte mich nicht mehr als eine Nacht zu halten. Trotz der fürchterlichen Geräusche in der Kette wollte ich einfach weiter, so schnell wie möglich nach Chile. Hätte es eine Möglichkeit gegeben, den Koloß Lima zu meiden, ich hätte sie sicher genutzt, doch leider ist die Stadt schlichtweg zu groß, als daß man sie umfahren könnte. Aber ich hatte einfach ein schlechtes Gefühl bei der peruanischen Hauptstadt - und es sollte mich nicht täuschen.

Rauhe Küste: Perus Strände laden nur selten zum Bade.

Ich fuhr auf meinem Motorrad in einer fröhlichen Friedlichkeit durch Lima, ohne Helm, um das schöne Wetter zu genießen und die ganz interessante Umgebung zu betrachten. Dabei begann ich fahrenderweise ein wenig mit einer sehr hübschen jungen Dame zu schäkern. Der Flirt zog sich über einige Rotlichter hinweg, und ich wollte sie gerade fragen, wie wir uns denn am Abend treffen könnten, als sie für einen Moment überhaupt nicht mehr auf die Straße schaute - und ein geparktes Fahrzeug streifte. Selbstverständlich hielt ich sofort an, um mir den Schaden an Auto und Dame zu betrachten. Nicht weiter schlimm, dachte ich, doch plötzlich begann das Fräulein vor der sofort versammelten Menschenmenge zu schreien, daß der Gringo schuld sei, er habe sie abgedrängt. Die

Wilde Schluchten: Da hofft man nur, daß man keine Panne hat.

Eigentlich ist das Fahren auf Sand herrlich…

Herren der Schöpfungen schlugen sich selbstverständlich sofort auf ihre Seite und begannen mich zu bedrängen, ich müsse zahlen, jetzt, hier, einer der Zwerge wollte sogar handgreiflich werden, besann sich dann aber noch einmal, weil ich ihn um zwei Köpfe überragte. Was sollte ich da tun?

Lima

Kein Kommentar - er wäre zu unfreundlich..
Hotels: Die besten: Miraflores

Cesar (La Paz mit Diez Conseco, in Miraflores), Grand Hotel Miraflores (Avenida 28 de Julio 151), Grand Bolivar (Union 958, im Zentrum). Die günstigen (alle im Zentrum): Hostal Eiffel (Jr. Washington 949), Casa de Hospedaje (Pasaje Acisclo Villaran 365, kein Schild), Hostal Espana (Jr. Azangaro 105). Die Tips: Ambassador (Julio C. Tello 650, in Magdalena del Mar), Hostal Mont Blanc (Jr. Emilio Fernandez 640, in Santa Barbara).

Ich verbarrikadierte mich im Hotel, ganz einfach. Ich aß auch im Hotel, was ich sonst eigentlich nie tat, ich ging auch früh ins Bett, was ich sonst eigentlich nie tat, und am nächsten Morgen leistete ich mir ein ausgiebiges Frühstück, was ich sonst eigentlich auch nie tat. Dann fuhr ich noch schnell zur Botschaft, um die Post abzuholen - und nach nur etwas mehr als 12 Stunden hatte ich Lima schon wieder hinter mir. Weit fuhr ich aber an diesem Tag trotzdem nicht mehr, irgendwie war mir die Geschichte mit der jungen Dame schon an die Nieren gegangen - nicht auszudenken, wenn mich ihre menschenfreundlichen Brüder gefunden hätten.

Pisco

250 Kilometer südlich von Lima - nichts Besonderes, außer, daß von hier die Straße nach Paracas abgeht, einer Halbinsel mit faszinierender Fauna. Auch kommt von hier das berühmte Getränk gleichen Namens, das schon manch einem Touristen fürchterliches Kopfweh beschert hat. Auch kann man sich in Pisco einer Exkursion zu den Ballestas-Inseln anschließen, wo man noch Tausende von wilden Seelöwen und auch Pelikane und andere seltene Vögel bewundern kann. Auf jeden Fall empfehlenswert.
Hotel: Hostal San Jorge (Juan Osores 267).

… doch manchmal werden einem Steine in den Weg gelegt.

Überdies machte ich mir immer mehr Sorgen um meine Kette, die sich schon mindestens zehn Zentimeter in die Länge gezogen hatte und nur noch rumpelte. Und da ich eh leicht paranoid auf Geräusche reagiere, die nicht ganz natürlich sind, hatte ich auch kaum Augen für die eigentlich wunderbare Felsenlandschaft und Halbwüste vor Nazca, der Stadt, die durch ihre nur aus der Luft erkennbaren, mystischen und wohl kaum erklärbaren Linien bekannt ist. Aber was wollte ich machen? Um die Kette selber zu kürzen, dazu fehlte mir das Werkzeug, eine Ersatzkette hatte ich eh nicht dabei, und irgendeinem Schlosser mitten in der Wüste wollte ich meine Yamaha auch nicht unbedingt anvertrauen. Am sinnvollsten wäre sicher gewesen, wenn ich mir in Lima eine Ersatzkette aus Europa bestellt hätte und einige Tage auf sie gewartet hätte - aber in Lima hätten mich auch zehn Pferde nicht halten können. Es blieb mir gar nichts anderes übrig, als zu allen Heiligen der Nockenwelle und den Göttern der Kettenspannung zu beten, daß ich es noch bis Santiago de Chile schaffe.

Nazca

Zu den berühmten Linien gehörige Stadt, die vor allem von den an altindianischen Kulturen interessierten Touristen lebt - und von den Fragezeichen, die nach wie vor hinter alle Erklärungen dieser Linien zu setzen sind. Wer sich die Linien aus der Luft betrachten will, bucht mit Vorteil direkt am Flughafen.
Hotels: Die besten: Turistas (am Eingang der Stadt), La Borda (in der Nähe des Flughafens). Die günstigen: Hostal Don Agucho (Paredones mit San Carlos), Hostal Alegria (Jiron Lima 166), Nazca (Calle Lima 438).
Ab Nazca führt auch eine Straße nach Cuzco (430 Kilometer), die allerdings in miserablem Zustand ist und durch nicht ausgesprochen sicheres Gebiet führt, aus dem schon manch ein Tourist nicht mehr zurückgefunden haben soll.

Durchblick!

Der Süden von Peru ist touristisch sehr interessant, gerade wegen der Städte Cuzco und Arequipa und selbstverständlich wegen Macchu Picchu. Cuzco und die berühmten Ruinen selber lagen zwar weder in meinem Interesse noch an meinem Weg, doch für Arequipa gönnte ich mir einen kleinen Umweg. Wohl auch deshalb, weil es mir im Süden von Peru von der Landschaft her wirklich gefallen hatte: Die Küste ist wild, überall liegen gewaltige Steinbrocken, die von monströser Götterhand geworfen sein müssen, dazwischen gibt es immer wieder weite Ebenen, die aus nichts denn Sand, Sand und nochmals Sand bestehen. Auch Arequipa selber ist auf jeden Fall einen Abstecher wert, seine Steinhäuser und die wilde Architektur sind absolut sehenswert. Auch fühlte ich mich in einer halbwegs großen Stadt bedeutend sicherer als auf dem Land, auf dem es von Kontrollen (Polizei oder Terroristen, das ist jeweils nicht ganz klar - und die Grenzen sind wohl oft auch fließend) wimmelte. Und schließlich war ich verdammt müde: Ich war in Peru jeden Tag durchschnittlich 600 Kilometer gefahren, und das auf Straßen, die ihren Namen nicht unbedingt verdienten, und das mit einem Motorrad, das ebenfalls nicht mehr ausgesprochen munter war. Auch die Yamaha war froh, daß die Panamericana bald zu Ende ging.

Arequipa

Wunderschöne Stadt mit einzigartiger Architektur am Fuß des Vulkans El Misti. Auf jeden Fall einen Abstecher wert, auch wenn es nicht gerade am schnellsten Weg nach Süden liegt.
Hotels: Das beste: Turistas (Selva Alegre, allerdings unsichere Gegend). Die günstigen: Viele Angebote, empfehlenswert sind Casa de mi Abuela (Jerusalem 606) und Hostal Las Mercedes (Calle Consuelo).

Danach waren es nur noch wenige Kilometer bis zur Grenze, zu meiner großen Erleichterung. Eine Nervenprobe hatte ich allerdings noch zu bestehen: Für die Ausreise aus Peru mußte ich die Zollpapiere in siebenfacher Ausführung ausfertigen - und das ohne Kohlepapier. Als ich endlich den ersten chilenischen Zöllner vor mir hatte, fiel mir ein Stein vom Herzen. Adios Peru - y nunca mas!

Tacna

Rund 1300 Kilometer südlich von Lima und 42 Kilometer vor der chilenischen Grenze. Interessant an Tacna ist eigentlich nur, daß Gustave Eiffel die Kathedrale erbaut hat - und daß man bald in Chile ist.
Hotels: Das beste: Turistas (Avenida Bolognesi). Das günstige: Don Quijote (Leguia 940).

CHILE

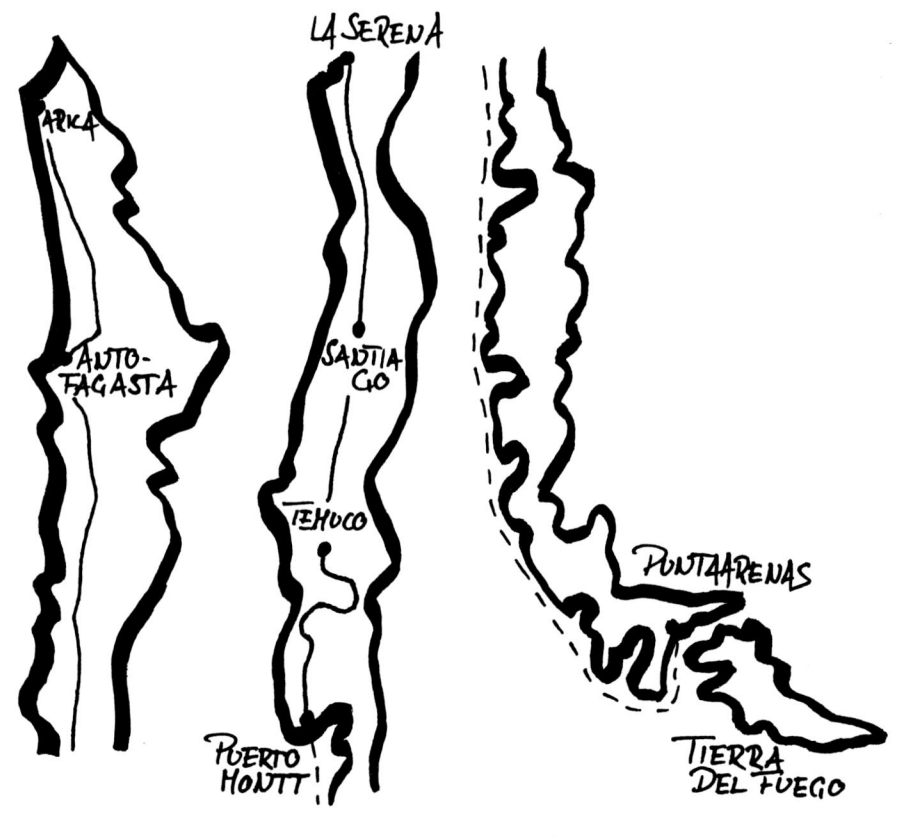

Dem Ende entgegen

Manche Länder sind einem einfach auf Anhieb sympathisch: Ich sah auf jeden Fall gleich nach der Grenze einen Citroën 2CV, was einen alten Enten-Fan wie mich natürlich freute. Doch auch sonst, es war wie Tag und Nacht zwischen Chile und Peru: Hier lächelten die Menschen, gaben bereitwillig Auskunft, waren sogar für einen Scherz zu haben. Wieder beruhigt und sogar frischen Mutes fuhr ich zuerst einige Runden durch Arica, die Stadt, in der es seit mehr als 100 Jahren nicht mehr geregnet hat, setzte mich dann in ein hübsches Café direkt am Strand und genoß ganz einfach die Sonne, die vom strahlend blauen Himmel strahlte. Nach mehr als vier Monaten auf dem Motorrad waren das die kleinen Momente des Glücks, die eine solche Reise zu einem unvergeßlichen Erlebnis machten: Einfach nur zu sein und das Leben zu genießen.

Arica

Die Stadt, in der es seit 100 Jahren nicht mehr geregnet hat - und das macht sie doch sehr sympathisch.

Hotels: Das beste: Hosteria Arica (San Martin 599). Die günstigen: Casa Blanca (Gral. Lagos 577), Pension Donoso (Baquedano mit Maipu), Residencial Venecia (Baquedano 739). Der Tip: Savona (Yungay 380). Von Arica aus sollte man den Parque National Lauca besuchen, eine unberührte Landschaft rund 150 Kilometer östlich, an der Grenze zu Bolivien.

Im Norden Chiles soll es 100 Jahre nicht mehr geregnet haben.

Weil ich allerdings schon am Vormittag in Arica war, entschloß ich mich, noch 300 Kilometer Wüste hinter mich zu bringen, bevor ich mich schlafen legte. Was folgte, war sehr beeindruckend: Zuerst führte die sehr gute Straße durch wilde Täler, deren Flüsse für das in Arica so dringend benötige Wasser sorgen. Dann stach die Route schnurgerade in die Atacames-Wüste, die noch trockener sein soll als die Sahara - faszinierend, wenn man bis zum Horizont nur Sand, Sand und nichts als Sand sieht. Die Panamericana führt im nördlichen Chile nicht der Küste entlang, sondern schön in der Mitte zwischen der Küste und den Anden, deren schneebedeckte Gipfel ich manchmal in der flimmernden Hitze erkennen konnte. Und es war ein herrliches Fahren, einmal abgesehen von den mahlenden Geräuschen, welche die Kette meiner Yamaha noch immer von sich gab: Kein Verkehr, lange Geraden, auf denen ich den Gashahn voll offen lassen konnte, dann wieder schöne Kurven zwischen irgendwelchen Hügeln hindurch. Gegen Abend bog ich dann von der Panamericana in Richtung Iquique ab, was mir eines der schönsten Naturerlebnisse der ganzen Reise bot. Denn die Sonne ging gerade blutrot über dem Pazifik unter, als ich auf der etwa 400 Meter hohen Kuppe stand, die das Hochplateau der Atacames-Wüste von der in die Klippen des Meeres gebauten Stadt abgrenzt.

Iquique war auch sonst ein besonderes Ereignis für mich. Abends im Hotel traf ich die ganze Equipe von «La Tierra En Que Vivimos», die eine der besten Tier- und Natursendungen der ganzen Welt produziert. Ich sprach die ganze Nacht mit Sergio Nuno, einem der bekanntesten Dokumentarfilmer überhaupt, und er lud mich ein, am nächsten Tag mit seiner Equipe in die Wüste zu kommen, wo das Team Käfer und Spinnen filmen wollte, die unter den speziellen Bedingungen der Wüste überleben konnten. Was ich dann auch tat. Ich lernte von Sergio viel Interessantes über die

Langsam wurde ich müde.

Chile 149

Wüste, ich sah aber auch, daß Tierfilmer alles andere als einen Traumjob haben - man braucht jede Menge Geduld, bis man die «Stars» der Sendung endlich vor der Linse hat.

Iquique (46)

Rund 300 Kilometer südlich von Arica. So interessant, wie halt eine Hafenstadt mitten in der Wüste sein kann.
Hotels: Das beste: Cavancha (Los Rieles 250). Die günstigen: Li Ming (Arana 705), Nan-King (Thompson 752). Det Tip: Marclaud (Juan Martinez 753, mit Motorradparkplatz).
Es lohnt sich, hier das Motorrad noch einmal auf Vordermann zu bringen, weil Iquique ein Zollfreihafen ist und Ersatzteile nicht nur erhältlich, sondern auch günstig sind. Viele gute, hilfsbereite Garagen.
Auf dem Weg nach Süden lohnt sich ein Abstecher nach Calama, dem Industriezentrum der Gegend, wo im Tagbau vor allem Kupfer abgebaut wird. Von Calama geht es in Richtung Bolivien ins landschaftlich wunderschöne Ollagüe, in Richtung Argentinien nach San Pedro de Atacama, das auf jeden Fall einen Umweg wert ist.

Am nächsten Tag fand ich dann einen jungen Mechaniker, der sich nicht nur meine Kette anschaute, sondern auch einen neuen Hin-

terreifen hervorzauberte (man stelle sich vor - mitten in der Wüste findet sich ein ganz neuer Metzler Sahara 3…). Er stellte mir auch noch einmal die Ventile nach, zersägte die Kette, um sie zu kürzen - und verlangte für die ganze Arbeit inklusive dem neuen Reifen und 20 Prozent Trinkgeld gerade einmal 100 Dollar…

Nachdem ich mir noch einmal eine Nacht mit Sergio und seinem Team um die Ohren geschlagen hatte, fuhr ich am nächsten Morgen früh los, um vielleicht schon vor der brennenden Mittagshitze Antofagasta zu ereichen, was ich mir als Tagesziel vorgenommen hatte. Ich schaffte die mehr als 500 Kilometer in weniger als fünf Stunden, auch ein Zeichen dafür, daß meine Yamaha wieder hervorragend lief.

Wohin das Auge reicht…

Antofagasta

*Angenehme Stadt mit ausgegli-
chenem Klima, rund 400 Kilometer südlich von Iquique.
Hotels: Das beste: Antofagasta
(Balmaceda 2575, schöner Blick
über Stadt und Bucht). Die günstigen: Residencial Paola (Prat
766), Cobre (Prat 749). Die Tips:
Pieper (Sucre 509), Diego de Al-
magro (Condell 2624). Im Marina Club (Avenida Ejercito 809)
gibt es gutes Essen, zwar teuer,
aber den Preis wirklich wert.*

Auch Antofagasta war mir auf
Anhieb sympathisch, denn der erste Mensch, den ich nach dem Weg
zum Hotel fragte, war nicht nur
sehr freundlich und sehr hübsch -
sie drückte mir auch gleich ein Frei-
billet für eine Theateraufführung,
die noch am gleichen Abend statt-
finden sollte, in die Hand. Warum
nicht ein wenig Kultur? Das Thea-
ter war zwar sehr modern, doch
auf jeden Fall ein optischer Genuß. Wobei sich meine Zufrie-
denheit wohl auch darauf zurückführen ließ, daß ich vorher wirklich

Auch ein Motorrad kann und muß manchmal Auto fahren.

ausgezeichnet getafelt hatte. Überhaupt ist das Essen allein schon ein Grund, nach Chile zu fahren, was hier in Sachen Meeresfrüchten geboten wird, das ist schlicht unübertrefflich.

Trotzdem riß es mich am nächsten Morgen wieder früh aus den Federn - ich wollte die Kilometer bis Santiago de Chile so schnell wie möglich hinter mich bringen. So schaffte ich an diesem Tag denn auch 908 Kilometer, was absoluten Tagesrekord bedeutete. Fast ein wenig stolz auf mich, leistete ich mir am Abend im hübschen Städtchen La Serena auch noch ein gutes Hotel, wo ich schon früh in den Schlaf des Gerechten fiel.

La Serena

Eine der schönsten Städte Chiles, erbaut auf einem Hügel über dem Coquimbo Bay.
Hotels: Das beste: Mediterraneo (Cienfuegos 599). Das günstige: San Juan (Balmaceda 827). Der Tip: Berlin (Cordovez 535).
Die Hotels sind in La Serena generell teurer als im 12 Kilometer südlicher liegenden Coquimbo, wo es allerdings ziemlich heftig nach Fisch stinkt. Tip in Coquimbo: Lig (Aldunate 1577). Einer der schönsten Strände Chiles findet sich südlich von Coquimbo, in La Herrdura. Und noch ein Tip für Genießer: Rund 300 Kilometer südlich von Co-

quimbo liegt Los Molles, ein hübsches Dörfchen etwas ab von der Panamericana, wo ein Schweizer Paar das exzellente Restaurant La Pirata Suiza führt. Los Molles ist sicher einen Abstecher wert.

Der nächste Tag begrüßte mich wieder mit strahlendem Sonnenschein - aber sollte mit einem Debakel sondergleichen enden. Ich wollte in den Hügeln vor Santiago gerade einen Bus überholen, als sich ohne Vorankündigung, dafür mit einem gewaltigen Krachen die Kette von meiner Superténéré verabschiedete. Ich hatte aber Glück im Unglück: Weil sich die Kette in tausend Einzelteile auflöste, blockierte glücklicherweise das Hinterrad nicht - sonst, gute Nacht!

Fast wie daheim!

Fluchend schob ich die Maschine zu einem Haus, wo ich sie für die Nacht unterstellen konnte. Dann begann der Streß: Zuerst mit Autostopp nach Santiago rasen, ein Hotel suchen, ein Auto mieten für den nächsten Tag, nach Hause telefonieren, ob man vielleicht per Kurier eine neue Kette schiken könnte, kurz schlafen, mit der Camionetta zum Motorrad rasen, die Maschine mit Müh' und Not auf die Ladefläche packen, vorsichtig nach Santiago zurücktuckern, dann in dem höllischen Verkehr durch die ganze Stadt fahren, das Auto geht auch noch kaputt, weil es von der Hitze schlichtweg überfordert ist, das Auto fährt wieder, ich finde den geeigneten Mechaniker für das Motorrad, der meiner Superténéré eine Kawasaki-Kette verpaßt, mit dem Auto wieder quer durch die Stadt, um das Gepäck in ein anderes, günstigeres Hotel zu bringen, dann wieder durch die Stadt, um das Auto dem Vermieter zurückzubringen, und noch einmal mit dem Taxi mitten durch die Stadt, um die Yamaha mit der Kawa-Kette abzuholen, und dann nur noch schlafen.

Santiago de Chile

Zusammen mit Buenos Aires die wohl angenehmste Hauptstadt Südamerikas - freundliches Klima, freundliche Leute.
Hotels: Die besten: So ziemlich jede große Hotel-Kette hat ihren Luxus-Ableger in der Stadt. Die günstigen: Residencial Alemana (Republica 220), Residencial Mery (Pasaje Republica 36), Residencial Opera (Paris 898). Der Tip: Residencial Londres (Londres 54 - aber Achtung, oft ausgebucht). Ebenfalls empfehlenswert: Amigos de Todo el Mundo (Avenida Bulnes 285), wo man sich privat einquartieren lassen kann. Es gibt auch viele gute Restauarants: Besonders empfehlenswert sind Da Carla (MacIver 577, italienisch) und Chez Henry (Plaza de Ar-

Und nochmals: Das Bild könnte auch aus dem Schwarzwald sein.

Nette Hauptstadt: Aber nichts alles, was glänzt, ist auch Gold.

mas, ein sensationeller Take-Away).

Santiago ist ein hervorragender Ausgangspunkt für interessante Ausflüge, zum Beispiel nach Farellones in den Bergen, wo alle, die Heimweh nach den Alpen haben, eine gewaltige Aussicht über eine imposante Berglandschaft erwartet. Interessant ist auch das Maipo-Tal im Südosten, der Morado Nationalpark sowie das südlich von Santiago liegende Reserva National Rio Clarillo. In der chilenischen Hauptstadt besteht zum letzten Mal die Chance, sein Motorrad reparieren zu lassen - hier ist fast alles erhältlich an Ersatzteilen, und die Mechaniker glänzen mit ihrer Improvisationskunst. Empfehlenswerte Adressen: Calvin y

Calvin (Avenida Las Condes 8038, Honda und Yamaha), Solo Moto (Vitacura 2760, Honda und Yamaha), Moto Service (Vitacura 2715, Honda und Yamaha), Miebacc (Doble Almeda 1040 (Nunoa), BMW). Und noch ein Tip für Motorradfahrer: Die einheimischen Fahrer von schweren Maschinen machen sich einen Spaß, gerade Ausländer zu Rennen herauszufordern. Das quittiert man am besten mit einem Lächeln, und wenn man die Herausforderung doch annimmt, sollte man gut auf seinen Gegner aufpaßen, denn die Südamerikaner sind selten gute Fahrer und bringen sich selbst in große Gefahr. Vor allem mit den Kurven und dem Bremsen haben sie eher Mühe.

Glücklicherweise hatte ich den richtigen Mechaniker gefunden - sein Improvisationstalent bescherte mir ein ganz neues Fahrgefühl. Überglücklich donnerte ich den ganzen Tag durch die chilenische Hauptstadt, sah mir alles an, was es zu sehen gab, lernte am Abend wieder gute Leute kennen, wurde gar zur Eröffnung einer neuen Bar eingeladen, trank dort bis zum frühen Morgen mit Sir Pablo, dem anglophilen Professor, der in der Nähe von Santiago in einem Eisenbahnwagen wohnte. In den nächsten Tagen fuhr ich in die Berge, um mein Heimweh nach den Alpen zu stillen, oder an die Küste nach Vina del Mar, in das Ferienparadies der Chilenen, oder ich saß ganz einfach auf der großen Plaza de Armas in einem der vielen Cafés und ließ die Zeit an mir vorbeigehen. Meine Stimmung war eine ganze Woche lang gewaltig - bis mir aus meinem Hotelzimmer 300 Dollar gestohlen wurden. Sicher, ich war selber schuld, daß ich eine solche Menge Bargeld einfach im Zimmer liegen hatte, doch ärgerlich war es schon - und deshalb reiste ich schon am nächsten Morgen ab.

Valparaiso

Der größte Hafen von Chile - und das Ferienzentrum der Einwohner von Santiago. Die Stadt mit ihren hübschen, farbigen

Gebäuden sollte man auf keinen Fall verpaßen.
Hotels: Das beste: Prat. Die günstigen: Gemini (Pedro Montt 2062), Dinamarca (Dinamarca 539, in der Nähe der sehenswerten Friedhöfe). Bessere Übernachtungsmöglichkeiten gibt es in Vina del Mar. Tip: Tajamar (Alvarez 884).

Das gute Essen und die Ruhe in Santiago hatten mich gestärkt, so daß ich voller Tatendrang gegen Süden fuhr, um auch noch den letzten Teil meiner Reise hinter mich zu bringen. Anfangs war die Umgebung wenig ansprechend, doch je südlicher ich kam, desto saftiger wurde das Grün der Wiesen, desto lauschiger die Wälder.

Und es wurde immer schöner.

Die Vulkane von Chile sind von beeindruckender Schönheit.

Concepcion 57

Schnell wachsende Stadt 500 Kilometer südwestlich von Santiago - angenehmes Klima, aber auch viel Regen von April bis September.
Hotels: Die besten: Alborada (Barros Arana 457), El Araucano (Caupolican 521). Die Tips: Tabacura (Barros Arana 790), Residencial Colo Colo (Colo Colo 743).

 Den Abstecher an die Küste nach Concepcion sparte ich mir, weil mir die Stadt in Santiago als wenig interessant beschrieben worden war, dafür machte ich Rast am beeindruckenden Salto de Laja. Eigentlich ein schönes Plätzchen, doch ich war anscheinend nicht der einzige, der dieses Gefühl hatte, denn während ich zu Fuß ein wenig die Gegend erkundete, störte ich immer wieder Liebspärchen, die sich gerade miteinander vergnügten. Na ja, wo ein Wille ist, ist eben auch ein Gebüsch.

Los Angeles

Eigentlich nichts Besonders, außer daß sich ganz in der Nähe der spektakuläre Wasserfall Salto de Laja befindet, der in einer sehr romantischen Gegend liegt und deshalb von Liebspäarchen übervölkert ist. In Los Angeles: Gran Hotel Muso (Plaza de Armas, von einem Deutschen geführt).

Was nach Los Angeles folgte, das darf ich getrost als Zückerchen meiner Reise betrachten. Südlich von Temuco beginnt offiziell der Seen-Distrikt, diese einmalig schöne Landschaft mit den vielen Seen und den perfekt kegelförmigen Vulkanen, die oben wie mit Puderzucker bestreut aussehen. Doch nicht nur die Landschaft ist einmalig schön (irgendwie ist es verständlich, daß sich die meisten der schweizerischen und deutschen Auswanderer um die Jahrhundertwende hier im südlichen Chile ansiedelten), auch die Straßen bieten dem Motorradfahrer ein gewaltiges Fahrvergnügen. Eine Kurve folgt der anderen, es herrscht kaum Verkehr, und wer Lust auf ein Abenteuer hat, findet überall traumhafte Schotterstraßen. Die erste Nacht verbrachte ich in Villarica in einem Hotel direkt am See, wo ich abends noch mit den ehemals deutschen Besitzern und zwei Schweizern zusammensaß, die ihre Flitterwochen in diesem Paradies verbrachten. Wir bestaunten den Sonnenuntergang, der den Vulcano Villarica in ein wunderbares Licht tauchte und waren einfach glücklich, daß wir soviel Naturschönheit erleben durften.

Übermut kommt vor dem Fall: Ein weiterer Sturz.

Die schönsten Vulkane sieht man abseits der Panamericana.

Villarica

Wunderschönes und sehr ruhiges Städtchen direkt am See mit einer schönen Aussicht auf verschiedene Vulkane. Villarica ist auch sehr gut als Ausgangspunkt für Ausflüge in die nähere und höchst interessante Umgebung geeignet.
Hotels: Der Tip: El Ciervo (General Koerner 241, etwas teuer, aber höchst angenehm - und man gönnt sich ja sonst nichts). Die günstigen: Rayhuen (Pedro Montt 668), Hosteria La Colina (J.A. Rios 1177, sehr empfehlenswert), Hospedaje Las Cabanitas (Henriquez 398).
Wer es noch romantischer, aber teurer mag, der liegt in Pucon, ebenfalls am See von Villarica gelegen, richtig. Dort hat auch Queen Elisabeth genächtigt.

Am nächsten Tag stach mich der Hafer. Ich wollte nicht direkt auf der Hauptstraße nach Valdivia fahren, sondern wagte mich auf abenteuerlichen Schotterwegen ins Hinterland, zuerst an einen See mit dem schönen Namen Huechulafquen, dann weiter über Junin de los Andes zum Lago Lolog, wo ich mir bei einem Bauern zuerst ein wenig Käse, Zwiebeln, Brot und Wein kaufte, die ich einige Kilometer später sehr gut gebrauchen konnte, denn ich stürzte in einer fast überhängenden Abfahrt. Weil ich meine Yamaha selber nicht mehr auf die Räder brachte und weil rund drei Stunden niemand kam, der mir helfen konnte, setzte ich mich einfach an das Ufer des dunkelblauen Sees und erfreute mich am traumhaften Wetter und der noch viel schöneren

Umgebung und am Käse, dem Brot, den Zwiebeln und dem Wein. Normalerweise ist eine solche Situation schon fast eines Nervenzusammenbruchs würdig, doch auf einmal war mir die stundenlange Warterei völlig egal, das Leben war viel zu schön, als daß ich mich noch über irgendetwas hätte aufregen mögen. Als dann endlich zwei Chilenen mit ihrem allradgetriebenen Pickup kamen und mir mit meiner Superténéré halfen, meinten sie noch, ich hätte Glück gehabt, denn normalerweise komme vielleicht einmal pro Woche jemand vorbei... Das hinderte mich allerdings nicht daran, auch noch den Lago Pirehueico, den Lago Neltume und den Lago Rinihue zu bewundern und zu genießen. Als ich am Abend im friedlichen Valdivia ankam, war ich zwar in zwölf Stunden nur knapp 250 Kilometer gefahren, aber trotzdem nudelfertig.

Valdivia

Freundliche Stadt, die an alles, nur nicht an Südamerika erinnert.

Hotels: Die besten: Melilanca (Avenida Alemania 675), Naguilan (General Lagos 1927). Die günstigen: Hospedaje Turismo (Gral. Lagos 874), Residencial Calle-Calle (A. Munoz 597), Ana Maria Vera (A. Munoz 684). Die Tips: Villa Paulina (Yerbas Buenas 389), Montserrat (Picarte 849), Centro Torreon (P. Rosales 783). Lohnenswerte Ausflüge ab Valdivia: Niebla und Corral.

Sümpfe: Auch die Umgebung von Valdivia kann sich sehen lassen.

Viel Holz: Dem Süden sieht man die europäischen Auswanderer an.

Meinem Motorrad hatte das Schotter-Abenteuer aber nur wenig gut getan, die Yamaha meldete nun an, daß sie froh wäre, wenn die Reise nicht mehr allzu lange dauern würde. So verzichtete ich schweren Herzens auf weitere Ausflüge ins Hinterland und schlich schön langsam gegen Süden. Nicht ohne diverse Zwischenhalte allerdings, denn die Landschaft und Dörfchen wie Frutillar waren einfach zu schön, um sie nicht ausgiebig zu geniessen.

Osorno

Die Stadt selber vermag, abgesehen von der Aussicht auf den See und den Vulkan Osorno, wenig zu begeistern, eignet sich aber hervorragend als Ausgangspunkt für die Erkundung der wirklich spektakulären Umgebung. Tip: Residencial Riga (Altahuer 1058).

Ausflüge: Im Norden: Lago Rinihue und das Dörfchen Llifen. Im Westen: Lago Puyehue und die gleichnamigen Thermen sowie der Nationalpark. Tip: Hotel Antillanca (hervorragend, aber teuer - doch die Aussicht und die Ruhe entschädigt für alles).

Im Südwesten: Lago Rupanco - Natur pur.

Gerade Frutillar erschien mir wie ein kleines Weltwunder: Hier schien die Zeit irgendwann im letzten Jahrhundert stehengeblieben zu sein, die Holzhäuser glänzten wie neu, das einzigartige Klima ließ überall Blumen blühen, und ich fühlte mich bei Kaffee und Kuchen auf einer Terrasse über dem See ganz einfach zufrieden. Am Abend fand ich in Puerto Varas ein Zimmer mit Seeblick und schlief so gut wie schon lange nicht mehr.

Puerto Varas

Wunderbar am Südufer des Lago Llanquihue gelegen, günstiger als das nur wenige Kilometer weiter südlich gelegene Puerto Montt, aber viel angenehmer.
Hotels: Das beste: Licarayen (San Jose 114). Das günstige: Carmen Bittner (Martinez 564). Der Tip: Loreley (Maipo 911). Lohnenswerte Ausflüge: Frutillar, ein hübsches Dörfchen am Seeufer; Ensanada - und von dort aus weiter zum smaragdgrünen Lago de Todos los Santos und dem Nationalpark Vincente Perez Rosales - mehr Natur kann man wohl nirgends auf dieser Welt mehr erleben.

Nachdem ich in Puerto Montt meine Weiterreise per Fähre nach Puerto Natales organisiert hatte - ich wollte und konnte meiner Yamaha die Strapazen der mehr als 1000 Schotter-Kilometer auf der Carretera Austral nicht mehr zumuten, erkundete ich zu Fuß und vor allem per Boot noch die weitere Umgebung. Einmalig, diese Landschaften, ein wahres Paradies, und wer es nicht gesehen, der hat in seinem Leben etwas verpaßt. Ich schwor mir auf jeden Fall, daß ich eines Tages hierher zurückkehren würde - am liebsten mit einem gesunden Motorrad und dem nötigen Reisefieber, das ich nach mehr als fünf Monaten auf Achse beim besten Willen nicht mehr hatte. Ich wollte keine Abenteuer mehr erleben, ich wollte einfach nur genießen, und dafür waren meine Bootsausflüge genau das richtige.

Da lässt sich gut leben.

Chile 161

Puerto Montt

Eigentliches Ende der Panamericana. Hübsches, aber auch kaltes Städtchen, dem der Einfluß der deutschen Einwanderer auch heute noch anzusehen ist.
Hotels: Das beste: Vincente Perez Rosales (Antonio Varas 447). Die günstigen: Residencial La Nave (Ancud mit Varas), Residencial Talquino (Perez Rosales 114), Aleman (Egana mit Copiapo). Der Tip: Urmenta (Urmenta 290).
Von Puerto Montt aus verkehrt eine Fähre zur sagenumwobenen Insel Chiloe - eine Welt für sich. Wer Zeit und Geld hat, sollte sich diese urwüchsige Landschaft auf keinen Fall entgehen lassen.
Fähre: Die Puerto Eden fährt alle zehn Tage nach Puerto Natales (120 Dollar). Unbedingt frühzeitig buchen, weil die Lastwagen absolute Priorität haben und Touristen nur mitgenommen werden, wenn es noch Platz hat (Navimag, Angelmo 2137, am Hafen). Die Evangelista (Navimag) fährt zweimal wöchentlich nach Puerto Chacabuco, genau wie die Colono von Transmarchilay (Angelmo 1666, am Hafen in Puerto Montt). Bloß - was macht man in Chacabuco?

Tips für die Weiterreise auf der Carretera Austral
Wer noch nicht mit warmen Kleidern ausgerüstet ist, sollte das in Puerto Montt unbedingt nachho-

len, denn ab jetzt wird es kalt! Die Straße führt von Puerto Montt noch weitere 1000 Kilometer gegen Süden bis nach Cochrane. Allerdings sollten sich nur absolute Profis auf dieses Abenteuer wagen, denn die Strecke ist hart, das Wetter miserabel, und wenn etwas kaputtgeht, dann gute Nacht! Benzin gibt es mit Sicherheit nur in Chaiten (250 Kilometer südlich von Puerto Montt), Coyhaique (435 Kilometer südlich von Chaiten) und Cochrane (335 Kilometer südlich von Coyhaique). Von der Carretera Austral aus hat man verschiedene Möglichkeiten, gegen Argentinien abzubiegen, doch die Schotter-Straßen sind alles andere als gut.

In den Süden, wo es warm ist?

Der Aufenthalt auf der Fähre ist ein ganz spezielles Erlebnis. Die Touristen müssen sich ihren Schlafplatz selber suchen, das Essen ist miserabel und die See rauh. Und doch ist die 1500 Kilometer lange und dreitägige Überfahrt höchst spektakulär, fährt man doch zwischen Tausenden von Inseln hindurch, manchmal so nah, daß man sie zu berühren glaubt, man erlebt den Golfo de Penas, der seinen Namen zurecht trägt, denn er schaukelt wirklich fürchterlich, man kreuzt durch den Canal Kirke, der eine der engsten und am schwierigsten zu befahrenden Stellen der modernen Schiffahrt ist. Und man lernt viele Leute kennen. Ich hielt mich zuerst an die Lastwagen-fahrer, die mir manch schöne Geschichte erzählten, die aber auch gerne über ihr schwieriges Leben auf Achse jammerten. Als mir das zuviel wurde, kam ich mit den wenigen anderen Touristen ins Gespräch, von denen einige auch ganz nette Abenteuer in den Knochen hatten. Des Abends wurde dem Alkohol gefrönt, der, wie die Matrosen sagten, das beste Mittel gegen die Seekrankheit sei: Wer selber schon schaukelt, der merkt nicht mehr, wie sehr das Schiff schlingert. In meinen Fall hatten sie recht - andere Touristen hatten aber fürchterliche Probleme...

Als dann Puerto Natales in Sicht kam, hatte der Kapitän für seine motorisierten Gäste eine schöne

Patagonien: Wohl eines der letzten Naturparadiese dieser Erde.

Feuerland? Sieht doch ziemlich feucht aus...

Überraschung: Weil ein anderes Schiff an der einzigen Mole lag, konnte die Fähre nicht entladen werden - wir mußten weiterfahren nach Punta Arenas durch die berühmte und berüchtigte Magellanstraße. Während die Lastwagenfahrer fluchten wie die Rohrspatzen, kam mir dieser Umweg gerade recht, denn ich wollte sowieso nach Punta Arenas, weil von dort die Fähre nach Feuerland fuhr. Also genoß ich die zwei zusätzlichen Tage an Bord, ich bewunderte die Aussicht auf die Magellan-Straße, die sich einmal friedlich wie ein neugeborenes Lamm zeigte (was etwa zweimal im Jahr vorkommen soll), und ich freute mich, daß meine Reise endlich dem Ende entgegenging.

Glücklicherweise durfte ich gleich als erster von Bord, denn sonst hätte ich die Fähre nach Feuerland nicht mehr geschafft. Na ja, was dieser Ausflug mit meiner müden Maschine noch sollte, das fragte ich mich im nachhinein auch, doch damit hatte ich mein Ziel, von Alaska nach Feuerland zu reisen, erreicht. Ich drehte nur wenige Kilometer auf diesem unwirtlichen Flecken Erde, ich konnte sogar die argentinische Paßkontrolle umgehen, weil ich noch mit der gleichen Fähre wieder zurückfuhr. Gegen den brutalen Gegenwind fuhr ich dann noch nach Punta Arenas, um einfach einmal zu schlafen. Erstaunlich, wieviel der Mensch schlafen kann, wenn er sein Ziel erreicht hat.

Punta Arenas

Die südlichste Stadt der Welt - und verdammt windig und kalt. Hotels: Die besten: Cabo de Hornos (Plaza Munoz Gamero 1025), Los Navegantes (José Menendez 647). Die günstigen: Casa Dinka (Caupolican 169, sehr empfehlenswert), Residencial Rubio (Espana 640). Der Tip: Hostal de la Patagonia (O'

Higgins 478). Von Punta Arenas führt eine Straße nach Puerto Natales und von dort gelangt man in die Naturparadiese Paine und Balmaceda. Außerdem kann man ab Punta Arenas nach Puerto Williams, dem südlichsten Dorf der Welt, fliegen (rund 60 Dollar). Hotels: Patagonia (teuer, aber schön), Residencial Onashaga (günstig und sehr angenehm).

Nach Feuerland: Mit der Fähre ab Tres Puentes (5 Kilometer nördlich von Punta Arenas), drei- bis fünfmal wöchentlich, Abfahrtszeiten sind von der Flut abhängig.

Weiterreise: Entweder wieder gegen Norden nach Argentinien - oder wie ich, das Motorrad in ein Flugzeug packen und nach Santiago zurückfliegen. Ich hatte ganz einfach genug.

Ganz einfach süß: Patagonische Pinguine beim Spielen.

Das Wort zum Sonntag

Ich bin stolz, daß ich es geschafft habe - aber ich würde es nie wieder tun. Ich kann das Abenteuer Panamericana auch nicht empfehlen: Doch wer die Erfahrung machen will, dem möchte ich auch auf keinen Fall abraten. Man muß einfach eines wissen: Die Panamericana ist alles andere als eine Traumstraße. Es ist nicht die körperliche Anstrengung, es ist auch nicht die unbeschreibliche Hitze in der Baja California, der Regen in Panama oder die Kälte von Patagonien, es sind auch nicht die technischen Probleme mit dem Motorrad oder den Zollbeamten - hart, wirklich hart ist die geistige Verarbeitung von mexikanischem Dreck, guatemaltekischer Korruption, honduranischer Armut, nicaraguanischer Scheiße, panamesischem Gringohaß, kolumbianischen Polizeikontrollen und peruanischer Aggressivität. Problematisch ist der extreme Kontrast zwischen dem schon penetranten Reichtum in Nordamerika und der bitteren Armut der Lateinamerikaner. Auf diesen 25.000 Kilometern wird der Mensch mit allen Problemen konfrontiert, die die Welt heute zu bieten hat.

Daß ich trotzdem ein positives persönliches Fazit dieser Reise ziehe, liegt an den vielen interessanten Menschen, die ich kennenlernen durfte, und an den landschaftlichen Schönheiten, die mich immer wieder beeindruckten. In einige Gebiete werde ich immer wieder zurückkehren und das ist für mich eine der positivsten Erfahrungen der Panamericana.

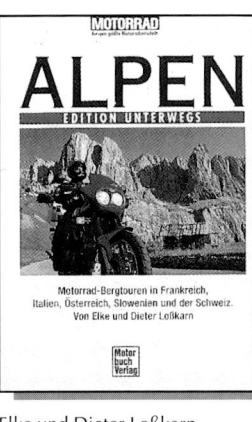

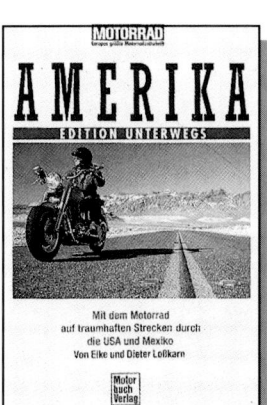

MOTORRAD

Entdecken Sie Europas größte Motorradzeitschrift!

Holen Sie sich die ganze Faszination nach Hause! Rasante Reportagen und traumhafte Touren, Tests, Tips und Technik – in **MOTORRAD**, Europas größter Motorrad- zeitschrift.

Alle 14 Tage neu am Kiosk!

Die ganze Welt des Motorrads!